AF201223

Reverse Aging

Schritt für Schritt zur ewigen Jugend

Inkl. 10 Wochen Anti-Aging Maßnahmenplan

Lea Blumenberg

Alle Ratschläge in diesem Buch wurden sorgfältig erwogen und geprüft. Eine Garantie kann dennoch nicht übernommen werden. Eine Haftung für jegliche Personen-, Sach- und Vermögensschäden ist daher ausgeschlossen. Die Benutzung dieses Buches und die Umsetzung der darin enthaltenen Informationen erfolgt ausdrücklich auf eigenes Risiko.

Alle Rechte, insbesondere das Recht der Vervielfältigung und Verbreitung der Übersetzung, vorbehalten. Kein Teil des Werkes darf in irgendeiner Form (durch Fotokopie, Mikrofilm oder ein anderes Verfahren) ohne schriftliche Genehmigung reproduziert oder unter Verwendung elektronischer Systeme gespeichert, verarbeitet, vervielfältigt oder verbreitet werden.

FSC
www.fsc.org

MIX

Papier aus ver-
antwortungsvollen
Quellen
Paper from
responsible sources

FSC® C105338

⚡ INHALT

Das erwartet Sie in diesem Buch

Fühlen Sie sich ausgelaugt und schwach? Fällt es Ihnen schwer, körperlich aktiv zu sein? Tut Ihnen der Rücken weh und bilden sich so langsam die ersten Falten? Dann haben Sie beim Kauf dieses Buches die richtige Entscheidung getroffen. Altern muss jeder, leider kommen wir um diese Tatsache nicht drum rum. Doch das muss kein Gund dafür sein, zu verzweifeln. Denn vor allem heutzutage gibt es sehr viele Möglichkeiten, um den Alterungsprozess zu verlangsamen und ihm entgegen zu wirken. Und darum soll es in diesem Buch gehen.

Sie erfahren alles über den Alterungsprozess. Wie er vonstattengeht und was sich dabei in und an ihrem Körper verändert. Sie werden lernen, sich und Ihren Körper zu verstehen. Denn erst, wenn Sie verstanden haben, was mit Ihnen passiert, wenn Sie altern, wissen Sie, was Sie dagegen machen können und wie genau die verschiedenen Methoden funktionieren.

Vergessen Sie nicht: Sie sind immer nur so alt wie Sie sich fühlen. Und wenn Sie lernen, Ihren Körper zu verstehen und zu wissen, was ihm gut tut und was nicht, dann wird Ihr biologisches Alter schon bald irrelevant sein. Sie werden wieder all das machen können, was auf Grund Ihres Alters eigentlich nicht mehr möglich war und werden wieder gesund und glücklich sein. Sprich, Sie werden sich wieder jung fühlen.

Also bleiben Sie dran und lesen Sie dieses Buch aufmerksam durch, um dann die Tipps und Tricks, die ich Ihnen liefere, umsetzen zu können und wieder zu Ihrem alten Ich zu finden.

Ich wünsche Ihnen ganz viel Spaß beim Lesen und hoffe, dass ich Ihnen mit diesem Buch weiterhelfen kann!

Den Alterungsprozess verstehen

WARUM ALTERN WIR?

Bevor Sie mit der Praxis beginnen können, müssen Sie erst einmal lernen wie Ihr Körper überhaupt tickt. Sie müssen verstehen können, aus welchem Grund wir überhaupt altern und wieso wir nicht einfach für immer jung bleiben können.

Leider ist die Wissenschaft noch nicht so weit, dass das Altern komplett verhindert werden kann. Der Alterungsprozess kann beeinflusst und somit auch verlangsamt werden, keine Frage. Aber so richtig stoppen kann man ihn nicht. Einerseits ist das sehr schade, andererseits ist es auch gut, so wie es ist. Denn stellen Sie sich vor, der Kreislauf des

Lebens wäre kein Kreislauf, sondern ein Stillstand. Sie würden in Ihrer Haut feststecken und nie wieder rauskommen. Das Leben würde niemals enden. Im ersten Moment klingt das vielleicht gar nicht so schlimm und erschreckend, aber wenn man mal genauer darüber nachdenkt, ist es tatsächlich nur schwer vorstellbar, dass man es toll finden würde, auch noch in 3000 Jahren zu existieren. Wer weiß, wie die Welt bis dahin aussieht und ob man nach einer so langen Zeit überhaupt noch existieren möchte.

Ein weiterer Punkt, der das ewige Leben unmöglich macht, ist die Tatsache, dass jede Minute neue Menschen auf die Welt kommen. Wenn nicht auch jede Minute andere Menschen sterben würden, gäbe es irgendwann gar keinen Platz mehr zum Leben. Jeder Mensch würde keine Entwicklung mehr durchleben, sondern nur einen Stillstand.

Altern ist also nichts anderes, als sich zu entwickeln. Leider ist dieses Wort jedoch sehr negativ belastet und wird meist nur bei Menschen angewandt, die langsam aber sicher das höhere Alter erreichen. Dabei altern Kinder genauso wie Erwachsene. Nur wird bei Kindern eher der Begriff „Entwicklung" verwendet. Altern ist also an sich nichts Schlimmes. Es ist einfach nur eine Entwicklung, die der Körper durchmacht.

Alles ist vergänglich, auch das eigene Leben. Wir altern also, um diesen lebendigen Kreislauf aufrecht zu erhalten und der Entwicklung beizusteuern. Wenn wir dies nicht tun würden, würde die Welt still stehen und ihren Sinn verlieren. Es ist also wichtig, zu altern und man sollte keine Angst davor haben. Und zwar mit dem Hintergedanken, dass wir das Altern verlangsamen, aber auf keinen Fall verhindern können.

WIE ALTERN WIR?

Sie wissen nun, warum Sie altern und wieso das so wichtig ist für den Kreislauf des Lebens. Doch wie läuft so ein Alterungsprozess genau ab? Was passiert in unserem Körper, wenn wir älter werden? Auf diese Fragen gibt es nicht nur eine einzige Antwort. Es sind nämlich mehrere Faktoren dafür verantwortlich, dass wir altern. Welche genau das sind, stelle ich Ihnen nun vor.

Die Gene: Die Gene sind die Träger unserer

Erbinformation. Sie geben bestimmte Eigenschaften vor, die an unsere Nachfahren weitervererbt werden. Somit bestimmen auch unsere Gene, wie alt wir in etwa werden können. Das Höchstalter hängt zum Beispiel davon ab, ob Veranlagungen für bestimmte Krankheiten bestehen oder eben nicht. Doch nicht nur unsere Gene bestimmen, wie alt wir werden können. Sie haben lediglich einen Einfluss von etwa 30% auf unser erreichbares Alter. Wenn man jedoch eine extrem schlechte genetische Veranlagung für ein hohes Alter hat, dann klingen die 30% doch nach recht viel.

Im Extremfall kann man gegen diese Veranlagung mit der sogenannten Frischzellentherapie vorgehen. Bei dieser Therapieform werden Tieren (meistens Rindern oder Schafen) Zellen entnommen und dem Patienten injiziert. Diese Zellen sollen ihn verjüngen. Die Zellen stammen von sehr jungen oder sogar noch ungeborenen Tieren. Von der Schulmedizin ist diese Methode jedoch noch nicht anerkannt, da bis jetzt aussagekräftige Beweise für die tatsächliche Wirkung und Erfolgsrate fehlen.

Die Umwelteinflüsse und der eigene Lebensstil: Neben dem Einfluss der Gene auf das Alter von nur 30%, spielen noch weitere Faktoren eine wichtige Rolle, wenn es darum geht, älter zu werden. Und zwar die äußeren Einflüsse und der persönliche Lebensstil. Wer sein Leben lang raucht und sich ungesund ernährt, braucht sich nicht zu wundern, wenn er sein genetisch bestimmtes Alter nicht erreicht, sondern früher stirbt. Genauso kommt die Lebenserwartung auch ganz auf die Umwelteinflüsse an, die einen durchs Leben begleiten. Es macht zum Beispiel einen Unterschied, ob Sie einen sehr stressigen Alltag haben und noch dazu in der Nähe eines Atomkraftwerks leben oder ob Sie täglich meditieren und sich Ihr Leben in den ruhigen und entspannenden Bergen oder am Meer aufgebaut haben.

Sie haben es also zu einem großen Teil selbst in der Hand, wie alt Sie letztendlich werden. Eine gesunde Ernährung, beispielsweise mit vielen Antioxidantien, schützt unsere Zellen vor Krankheiten und einem zu schnellen Alterungsprozess. Genauso wichtig ist es auch, genug Sport zu treiben, ein soweit es geht stressfreies Leben zu führen und im Großen und Ganzen einfach auf seine physische und psychische Gesundheit zu achten. Denn wenn Sie das machen, verlangsamen Sie den natürlichen

Alterungsprozess.

Das biochemische Altern: Bei dem biochemischen Altern geht es vor allem um den Stoffwechsel. Beim Stoffwechsel entstehen nämlich sogenannte freie Radikale im Körper und sie sind sozusagen das Abfallprodukt des Stoffwechsels. Sie wirken zellschädigend und beschleunigen somit auch das Altern. Doch auch ihnen kann man mit Hilfe einer Ernährungsform entgegenwirken, die antioxidantienlastig ist. Denn diese schützen unsere Zellen und bekämpfen die freien Radikale.

Das hormonelle Altern: Je älter wir werden, desto stärker sinkt auch die Produktion wichtiger Hormone. Bei Männern ist das vor allem das Testosteron, bei Frauen das Östrogen. Dadurch erhöht sich das Risiko für Krankheiten wie zum Beispiel Arthrose, Demenz, Knochenschwund und Krebs.

Mit einer Testosterontherapie kann man diesen Folgen zum Beispiel bei Männern entgegenwirken und das Risiko für mögliche Krankheiten somit senken. Wem das zu extrem ist, der kann auch erst mal versuchen, seinen Testosteronspiegel auf natürliche Art und Weise zu erhöhen. Das schafft man, in dem man sich sportlich betätigt, sich kalorienarm ernährt und seinen Vitamin-D-Spiegel erhöht, indem man genügend Sonne abbekommt. Außerdem sollte man vor allem Stress vermeiden und genügend schlafen.

Wie Sie sehen, haben Sie sogar beim Alterungsfaktor „Hormone" einen Einfluss. Also denken Sie nicht, Sie hätten sowieso keine Macht über Ihren Alterungsprozess, denn die haben Sie auf alle Fälle. Sie müssen nur lernen, sie richtig einzusetzen.

AKTUELLE FORSCHUNGSERGEBNISSE

Langsameres Altern ist ein Thema, das jeden von uns betrifft und das sich jeder wünscht. Dieses Thema bleibt stets aktuell und das wissen auch die Forscher und Wissenschaftler.

Was bereits erforscht wurde und jedem klar ist, sind die im letzten Kapitel genannten vier Faktoren, die dafür verantwortlich sind, dass wir schneller altern. Jetzt, wo die Ursachen des Alterns bekannt sind, geht es darum, daran zu forschen, wie man den Alterungsprozess verlangsamen und ihm entgegenwirken kann.

Dabei wird jedoch zwischen verschiedenen

Maßnahmen unterschieden. Das klassische „Anti-Aging" bedeutet, dem Alterungsprozess gezielt entgegenzuwirken und ihn verlangsamen zu wollen. Es gibt jedoch noch zwei andere Begriffe, die mit dem Anti-Aging leicht zu verwechseln sind. Und zwar das Reverse-Aging und das Pro-Aging.

Beim Reverse-Aging versucht man, anders als beim Anti-Aging nicht, den Alterungsprozess einfach nur zu verlangsamen, dabei aber trotzdem noch älter zu werden, sondern den Alterungsprozess sozusagen zurückzusetzen und sich durch bestimmte Maßnahmen zu verjüngen. Beim Pro-Aging geht es wiederrum darum, anzuerkennen, dass man nun mal älter wird und das Altern nicht verhindern kann. Deswegen ist man *für* das Altern (pro) und nicht dagegen. Jedoch möchte man ein gesundes und schönes Altern erreichen, bei dem man sich weiterhin jung und wohl fühlt. Je nach Ziel und Einstellung der Forscher, fokussieren sie sich auf einen der drei Themengebiete.

Nir Barzilais ist der 59-jährige Direktor des Institute of Aging, das sich in New York befindet. Sein Ziel ist es zum Beispiel, das Altern zu verlangsamen und er selber ist der Meinung, einen Durchbruch geschafft zu haben. Barzilais hat nämlich nach vielen Untersuchungen und Experimenten an Mäusen herausgefunden, dass es einen Wirkstoff gibt, der den Alterungsprozess verlangsamen kann. Diesen Wirkstoff hat er nicht neu entdeckt oder erfunden. Im Gegenteil: Ihn gibt es schon seit Jahren und er wird normalerweise zur Behandlung von Diabetes eingesetzt. Es handelt sich hierbei um das sogenannte Metformin. Das Gute an Metformin ist, dass soweit keine Nebenwirkungen bekannt sind und es deshalb tatsächlich die Lösung für das Alterungsproblem sein könnte.

Währen Barzilais auf das Metformin setzt, fand Hartmut Geiger, ein Professor am Universitätsklinikum Ulm, zusammen mit weiteren Wissenschaftlern heraus, dass ein bestimmtes Protein in unserem Körper den Alterungsprozess beschleunigt. Dafür wurden Versuche an Mäusen getätigt, die man genetisch veränderte, so dass sie viel mehr als üblich von dem genannten Protein enthielten. Das Protein nennt sich RhoGTPase Cdc42. Je mehr davon in den Versuchsmäusen vorhanden war, desto schneller alterten die Zellen der Mäuse. Somit wurde bewiesen, dass dieses Protein der langen Lebensdauer schädigt.

Durch die Hemmung der Bildung dieses Proteins, schafften es die Forscher, die Lebensdauer der Mäuse zu erhöhen und ihr Immunsystem blieb auch noch im hohen Alter sehr stark.

Wie Sie sehen, kommt man mit der aktuellen Forschung immer weiter an das Ziel, den natürlichen Alterungsprozess zu verlangsamen. Die Forschung schläft nie und somit werden immer wieder neue Erkenntnisse und Ergebnisse geliefert. Wir können nur gespannt sein, wie diese Ergebnisse in 10-20 Jahren aussehen werden.

DER ALTERUNGSPROZESS IN ZEHNJAHRESABSTÄNDEN

In diesem Kapitel werde ich Ihnen vorstellen, wie die Entwicklung und somit auch der Alterungsprozess in Zehnjahresabständen vonstattengeht. In jedem Jahrzehnt passieren nämlich andere Vorgänge in unserem Körper und unserer Seele. Wir beginnen schon sehr früh, Angst vor dem Älterwerden zu haben. Ich möchte Ihnen dabei helfen, die einzelnen Schritte des Alterns besser verstehen zu können und

Ihnen die Angst vor dem Altern ein wenig zu nehmen.

0-10 Jahre: In den ersten zehn Jahren passiert im Verhältnis zu jedem anderen Jahrzehnt das meiste im Körper. Das merkt man allein schon, wenn man sich Bilder ansieht, auf denen man noch ein Baby war und diese mit Bildern vergleicht, auf denen man zehn Jahre alt war. In dieser Zeit tut sich enorm viel. Man fängt wortwörtlich bei 0 an und weiß und kann noch gar nichts. Bis man zehn Jahre alt ist, lernt man wohl am meisten. Angefangen beim Sehen, Hören, Krabbeln, Sitzen und Laufen, über das Schreiben, Lesen und Rechnen, bis hin zum richtigen Verhalten im Alltag.

Man lernt wie man sich anderen Menschen gegenüber zu verhalten hat, was gut und was schlecht ist und vielleicht sogar schon, was im Leben wichtig zu sein scheint. Außerdem genießt man im Idealfall eine sorglose Zeit und macht sich wenig Gedanken um sein Aussehen und um seinen Körper. Jedoch ist man als Kind auch sehr naiv und aufnahmefähig. Traumata können einen Menschen, vor allem wenn sie im Kindesalter passiert sind, im weiteren Lebensverlauf sehr prägen und einschränken.

Doch die unzähligen Sorgen, die man im späteren Leben oft hat, zeigen sich in den ersten zehn Jahren noch nicht oder nur kaum. Wenn alles gut läuft, genießt man eine sorgenfreie Kindheit und macht sich keine Gedanken um die Zukunft.

10-20 Jahre: Doch die Zukunft wird irgendwann zur Gegenwart und so langsam verschwindet das komplett sorgenfreie Leben. Einige Jahre später kommt man in die Pubertät. Plötzlich ist einem der Körper doch nicht mehr so egal und man fühlt sich meistens erst mal nicht wirklich wohl. Es treten Veränderungen auf, die man am liebsten verhindern würde. Ja, man schämt sich sogar dafür. Man ist noch nicht bereit dazu, Haarwuchs an Stellen zu bekommen, wo er vorher nicht da war und auch die lästige Periode könnte man sich gerne sparen. Man kommt an den Punkt, an dem man nicht erwachsen werden möchte und einfach wieder Kind sein will. Die hormonell bedingten Stimmungsschwankungen helfen einem dabei auch nicht wirklich weiter.

Irgendwann endet die pubertäre Phase langsam wieder und man findet es plötzlich gar nicht mehr so schlimm, erwachsen zu werden. Man ist stolz auf seine weiblichen Kurven und auf seine männlichen

Muskeln. Auch im Kopf ist man immer weniger ein Kind und immer mehr ein Erwachsener. Man entwickelt neue Interessen und die Veränderungen, die während der Pubertät mit dem Körper passiert sind, schrecken einen nicht mehr ab, sondern lassen sich mit der psychischen Entwicklung vereinen.

Man beginnt damit, das Leben ernster zu nehmen, erschafft sich ein eigenes Bild von der Welt, fängt an, Dinge zu hinterfragen und macht sich Gedanken um seine Zukunft. Man wird erwachsen.

20-30 Jahre: Die Angst vor dem Altern beginnt nicht erst mit 60 oder 70 Jahren. Sie fängt schon sehr viel früher an. Und zwar bereits in den Zwanzigern. Wer kennt sie nicht, die Angst vor der 30. Man hat das Gefühl, sein Leben mit zwanzig noch nicht wirklich im Griff zu haben. Man ist auf der Suche nach einer Ausbildung oder einem Studienplatz, weiß nicht wo man später wohnen möchte, hat noch keinen Partner an seiner Seite und ist sich generell nicht im Klaren darüber, wie es weitergehen soll.

Und dann kommt die Gesellschaft und verlangt von einem, mit 30 Jahren schon zwei Kinder, einen Ehemann, einen festen Job und ein Haus zu besitzen. Der Druck von außen steigt enorm an und man bekommt Angst davor, 30 zu werden. Dabei vermasselt man sich dadurch den Spaß am Leben. Denn egal, was Gang und Gäbe ist, Sie müssen und können mit 30 Jahren noch nicht die Weisheit mit Löffeln gefressen haben und wissen, wie Sie den Rest Ihres Lebens verbringen möchten. Mit 30 sind Sie immer noch jung und können aus Ihrem Leben machen, was auch immer Sie möchten. Diese Zahl sollte also nicht so verschreckend wirken.

30-40 Jahre: Erst jetzt beginnt die Zeit, in der Sie so langsam Ihren Platz im Leben finden. Sie werden von Natur aus ruhiger und entwickeln den Wunsch nach Sesshaftigkeit. Die „wilde Phase" Ihres Lebens endet nun langsam. Aber auch das muss nicht unbedingt so sein. Es gibt auch Menschen, die sich mit 60 so verhalten, als seien sie 30 und mit ihren Freunden trinken oder tanzen gehen. Sie sind immer nur so alt wie Sie sich fühlen.

In den meisten Fällen ist jedoch die erste Option der Fall. Wenn Sie in Ihrem bisherigen Leben genügend Sport getrieben und sich gesund ernährt haben, brauchen Sie sich zwischen 30 und 40 noch lange nicht über Schmerzen oder andere gesundheitliche Probleme zu beklagen. Denn Sie sind immer noch jung und können, wenn Sie sich gut erhalten haben, alles machen, was Sie damals mit Mitte 20 machen konnten.

40-50 Jahre: In diesem Lebensabschnitt zeigen sich die ersten Symptome des Alterns. Mal tut der Rücken weh, mal werden Sie von Kopfschmerzen geplagt, mit denen Sie bisher noch nie Probleme hatten. Auch was die Hormone betrifft, tut sich so einiges. Die Testosteronproduktion bei den Männern lässt so langsam nach. Damit einher kommt ein langsamer Verlust an Muskelmasse und Symptome wie Müdigkeit und Lustlosigkeit treten auf.

Die Frauen kommen währenddessen in die Wechseljahre. Sie haben mit starken Stimmungsschwankungen, Hitzewallungen und Schlafstörungen zu kämpfen. Letztendlich endet auch die monatliche Periode der Frau.

Doch trotz dieser Beschwerden sind Sie zwischen 40 und 50 Jahren noch lange nicht alt. Auch hier gilt: Genügend Sport und eine ausgewogene Ernährung sind das A und O für ein langes „jung fühlen". Wenn Sie sich bisher noch nicht so sehr sportlich betätigt und kaum auf Ihre Ernährung geachtet haben, ist spätestens jetzt der Zeitpunkt gekommen, an dem Sie damit anfangen sollten. Denn Ihr Körper braucht das nun mehr denn je. Je älter Sie nämlich werden, desto wichtiger sind diese beiden Faktoren, um gesund zu bleiben, den Alterungsprozess zu verlangsamen und Erkrankungen vorzubeugen.

50-60 Jahre: Auch hier kann ich Ihnen nur eins sagen: Sport und gesunde Ernährung! Sie merken schon, dass diese zwei Punkte von Jahr zu Jahr immer wichtiger werden. Denn je älter Sie werden, desto anfälliger werden Sie auch für Krankheiten und jegliche Beschwerden. Wenn Sie diese zwei wichtigen Punkte vernachlässigen, laufen Sie dem Alter quasi direkt in die Arme. Achten Sie also darauf, dass dies nicht passiert.

Was die Psyche zwischen 50 und 60 Jahren betrifft, gibt es zwei Möglichkeiten. Entweder man meckert rum und fühlt sich alt oder man ist glücklich mit seinem Leben, weil man so langsam alles erreicht hat, was man erreichen wollte und endlich durchatmen kann. Man freut sich auf die Rente und weiß, dass man keine Zukunftsängste mehr zu haben braucht, weil alles gut werden wird. Die zweite Variante ist natürlich die bessere. Das Trainieren des eigenen Mindsets, spielt eine große Rolle dabei, wie

Sie sich in welcher Lebenssituation fühlen. Beherzigen Sie diesen Rat.

60-70 Jahre: Wenn Sie nicht Ihr Leben lang Profisportler waren, sollten Sie sich so langsam von dem klassischen Sport verabschieden, da dieser Ihnen von nun an sogar eher schaden, als helfen kann. Sie sind nun in einem Alter, an dem es zwar weiterhin enorm wichtig ist, sich sportlich zu betätigen, jedoch sind Sie aber auch zerbrechlicher, als noch mit 40 oder 50 Jahren und sollten sich daher schonen.

Es empfiehlt sich also eine leichte Sportart, die Sie in Bewegung hält, Sie aber nicht zu sehr anstrengt. Sie wollen sich schließlich keine Zerrung oder vielleicht sogar einen Herzinfarkt einholen. Gehen Sie also vorsichtig mit sich und Ihrem Körper um. Was die Ernährung betrifft, können Sie nun langsam mit der Reverse-Aging-Diät beginnen, die wir Ihnen später nochmal genauer vorstellen werden. Natürlich können Sie diese Diät auch schon früher machen, aber zwischen 60 und 70 Jahren wird es langsam Zeit.

Genießen Sie Ihr jetziges Alter, anstatt es zu verteufeln. Freuen Sie sich, dass Sie endlich in Rente gehen können und mehr Zeit für sich, Ihren Partner oder Ihre Kinder haben. Vielleicht wollten Sie schon immer mal eine Weltreise machen. Jetzt ist der richtige Zeitpunkt dafür.

70 Jahre und älter: Sie befinden sich nun in einem Alter, in dem Sie alles gemacht haben sollten, was Sie sich je erträumt haben und einfach nur im Reinen mit sich selber sein. Das ist eine ideale Voraussetzung dafür, sich in seinem Körper wohl zu fühlen und mit der Situation und Ihrem aktuellen Alter zufrieden zu sein. Denn was ist schöner, als in seinem Sterbebett zu liegen und sagen zu können, dass man seine Mission auf dieser Welt erfüllt hat und nun beruhigt gehen kann? Oft haben wir gar nicht vor dem Alter an sich Angst, sondern davor, nicht alles zu schaffen. Wir haben das Gefühl, dass uns die Zeit davonläuft und wir sie besser nutzen sollten. Und das führt dazu, dass wir uns mit 70 Jahren dann denken: „Ich brauche noch mindestens 40 Jahre, um mir meine Träume und Wünsche erfüllen zu können". Dies führt zu einer Angst vor dem Älter werden, da es uns so scheint, als würden wir keine Zeit mehr haben.

In diesem Fall hilft es nicht nur, die Tipps aus diesem Buch gegen das Älterwerden anzuwenden, sondern sich auch einfach mal vor Augen zu führen, wie viel man in seinem Leben eigentlich schon erreicht hat. Auch wenn das im ersten Moment nicht nach viel aussieht, ist es meistens eine ganze Menge. Schreiben Sie sich am besten eine Liste mit Dingen, die Sie in Ihrem Leben schon geschafft haben und erlauben Sie sich, einfach mal Stolz auf sich zu sein. Neben der Liste der Dinge, die Sie bereits erreicht haben, können Sie noch eine weitere Liste mit Dingen anlegen, die Sie noch erreichen wollen. Vielleicht werden Sie merken, dass das gar nicht mehr so viel ist und Sie noch genügend Zeit haben, um sich Ihren Wunsch zu erfüllen. Oder Sie stellen fest, dass der angebliche Wunsch, gar nicht mehr Ihr Wunsch ist und dass Sie sich diesen Wunsch gar nicht mehr erfüllen müssen, um glücklich zu sein.

Wir Menschen wollen immer und immer mehr. Es fällt uns schwer, einen Schlussstrich zu ziehen und mit dem, was wir haben, zufrieden zu sein. Wir sind immer am Meckern und vergessen dabei, das wertzuschätzen, was wir schon haben.

Doch genau das kann uns das Leben vereinfachen und uns zeigen, dass wir gar nicht so schlecht dran sind und dass wir gar nicht so viele Gründe haben, uns über das Leben zu beschweren. Wenn Sie all das schaffen, dann werden Sie keine Angst mehr vor dem Altern haben und die Methoden für einen langsameren Alterungsprozess nicht aus Angst machen, sondern aus Liebe zu sich selbst. Sie werden mit sich und Ihrem Leben glücklich sein und keine Angst mehr davor haben, wenn es zu Ende geht.

GUTE NACHRICHT: DEN ALTERUNGSPROZESS KANN MAN BEEINFLUSSEN

Altern muss nun mal jeder. Aber wie schnell oder wie langsam dieser Prozess vonstattengeht, können Sie mehr oder weniger beeinflussen. Sie müssen sich nicht damit zufrieden geben, schon mit Mitte 60 kaum noch laufen, geschweige denn Sport machen zu können. Sie müssen nicht in den Spiegel sehen und sich fragen, was nur aus Ihnen geworden ist. Sie müssen auch nicht auf Ihre liebsten Hobbies verzichten, weil Ihnen der Rücken so sehr weh tut und Sie müssen das Haus nicht voller Falten und grauer Haare verlassen. Denn glücklicherweise gibt es vor allem heutzutage unzählige Methoden, die das

Altern hinauszögern oder, wie Sie bereits gelernt haben, sogar teilweise zurücksetzen können.

Die zwei wichtigsten Faktoren, um langsamer zu altern sind, wie Sie inzwischen wissen, eine gesunde Ernährung und ausreichend Sport. Wenn Sie sich in diesen zwei Bereichen viel Mühe geben, haben Sie schon einen großen Teil dazu beigetragen, langsamer zu altern.

Doch das sind nicht die einzigen Methoden, mit Hilfe derer Sie den Alterungsprozess beeinflussen können. Auch Ihre Einstellung spielt eine wichtige Rolle, wenn es darum geht, jung zu bleiben. Sie kennen sicherlich den Spruch: „Man ist nur so alt wie man sich fühlt". An diesem Spruch ist tatsächlich etwas Wahres dran. Wer sich Sorgen um sein Alter macht und ständig gestresst und unglücklich ist, der strahlt diese Einstellung auch nach außen und wirkt dadurch nicht nur älter, sondern fühlt sich auch so. Wer im Reinen mit sich selber ist und trotz höheren Alters glücklich, dem macht auch die eine oder andere Falte nichts mehr aus.

Doch natürlich ist es nicht immer ganz so einfach, sich und seinen Körper so hinzunehmen, wie er ist. Gerade bei sich selber neigt man oft dazu, viel kritischer zu sein, als bei anderen. Manchmal reicht die Selbstliebe einfach nicht aus, um sich so zu akzeptieren, wie man ist. Wenn man trotz unzähliger Versuche, die Falten und die immer schlaffer werdende Haut einfach anzunehmen, daran scheitert, gibt es noch weitere Methoden, um den Alterungsprozess zu verlangsamen. Und zwar, indem man kosmetisch ein bisschen nachhilft. Dafür gibt es bereits unzählige Möglichkeiten, die Ihnen dabei helfen können. Aber dazu später mehr. Vorerst werden wir uns nämlich dem Thema „gesunde Ernährung" widmen.

Die Ernährungsumstellung

WAS BRAUCHT DER KÖRPER WOFÜR?

Der erste Schritt zu einem gesunden und verlangsamten Alterungsprozess ist eine Ernährungsumstellung. Doch bevor Sie all Ihre alten Gewohnheiten über Bord werfen und eine neue Form der Ernährung beginnen, sollten Sie zuerst wissen, wieso Sie Ihre Ernährung überhaupt umstellen müssen und was der Körper braucht, um gesund und jung zu bleiben. Doch wie sieht so eine gesunde Ernährung überhaupt aus? Welche Nährstoffe benötigt der Körper wofür? Das stelle ich Ihnen nun vor.

Aminosäuren: Aminosäuren sind die Bausteine der Proteine. Eine Aminosäurenkette ergibt dabei ein Protein. Diese Ketten werden aus zwanzig verschiedenen Aminosäuren erstellt und sind jedes Mal unterschiedlich lang. Unser Körper kann jedoch nur zwölf dieser zwanzig Aminosäuren selber herstellen. Die restlichen acht müssen über die Nahrung von uns aufgenommen werden. Wenn wir das nicht machen, können bestimmte Proteine nicht hergestellt werden.

Proteine sind jedoch lebensnotwendig und sind für die unterschiedlichsten Vorgänge in unserem Körper zuständig. Es kann also auf keinen Fall gesund sein, Aminosäuren in unserer täglichen Nahrung einfach wegzulassen. Ein Mangel an Aminosäuren kann unter anderem zu einer immer schlechter werdenden Konzentrationsfähigkeit führen, aber auch zu Haut – und Haarproblemen, starker Müdigkeit, Gelenkschmerzen, Verlust an Muskelmasse und Blutdruckproblemen. All das sind sowieso schon Probleme, mit denen man im Alter zu kämpfen hat, man sollte diese Probleme nicht auch noch durch einen Mangel an Aminosäuren verstärken.

Lebensmittel, die wichtige Aminosäuren

enthalten, sind: Linsen, weiße Bohnen, Sojabohnen, Weizenkleie, Nüsse, Karotten, Tomaten, Bananen, Spinat, Erbsen, Hefe, Mandarinen, Orangen, Sellerie und Kürbiskerne.

Makronährstoffe: Die Makronährstoffe lassen sich in drei Gruppen unterteilen: Proteine, Kohlenhydrate und Fette. Diese drei Gruppen bilden die Basis für eine gesunde und ausgewogene Ernährung. Fehlt dem Körper eine dieser Gruppen, kommt er in einen Mangel. Und das kann besonders im Alter ziemlich gefährlich werden, da der Körper generell auf alles empfindlicher reagiert. So auch auf einen Mangel. Daher ist es ein Muss, diese drei Gruppen im Gleichgewicht zu halten und seinem Körper täglich zuzuführen. Wichtig dabei ist aber auch, dass man es bei keiner der drei Gruppen übertreibt. Denn zu viele Proteine, Kohlenhydrate und Fette sind ebenfalls ungesund für den Körper und können gefährlich werden.

Doch wozu benötigen wir Proteine, Kohlenhydrate und Fette überhaupt? Wieso Proteine für uns lebensnotwendig sind und was passiert, wenn wir in einen Mangel kommen, habe ich Ihnen ja bereits nähergebracht. Lebensmittel, die viele Proteine enthalten, sind: Bohnen, Nüsse, Kichererbsen, Quinoa und Linsen.

Kohlenhydrate sind unser Energielieferant und helfen uns bei unserer Gehirnaktivität. Aber auch unsere körperliche Aktivität wäre ohne Kohlenhydrate nicht möglich.

Lebensmittel, die viele Kohlenhydrate enthalten, sind folgende: Kartoffeln, Vollkornreis, Vollkornmehl, Getreideflocken, Hülsenfrüchte und Obst.

Auch Fette dürfen in keiner gesunden Ernährung fehlen. Damit meine ich nicht, dass Sie sich nur noch von frittierten Pommes und fettigen Burgern ernähren sollen, sondern nur gesunde Fette aufnehmen. Fette sind vor allem wichtig für den Stoffwechsel und das Wachstum der Zellen.

Lebensmittel, die ausreichend gesunde Fette enthalten, sind: Olivenöl, Leinöl, Rapsöl, Nüsse, Avocados.

Mikronährstoffe: Die Ergänzung zu den Makronährstoffen bilden die Mikronährstoffe. Zu diesen zählen in erster Linie alle Vitamine, Mineralstoffe und Spurenelemente. Mikronährstoffe sind vor allem wichtig für den Stoffwechsel in den Zellen und damit auch für die Erneuerung von Haut, Muskeln,

Knochen und Blutkörperchen zuständig.

Eine Liste der Lebensmittel, die Mikronährstoffe enthalten, wäre sehr lang, da sie so gut wie überall vorzufinden sind. Je nachdem, ob es sich um Calcium, Eisen, Jod, Magnesium, Zink, Selen oder die verschiedensten Vitamine handelt, kommen dementsprechend auch unterschiedliche Lebensmittel in Frage.

Damit Sie wissen, auf welche Lebensmittel Sie sich fokussieren und öfter konsumieren sollten, empfiehlt es sich, einen Bluttest zu machen, um herauszufinden, ob und welcher Mangel denn bei Ihnen besteht.

Wasser: Ein sehr unterschätzter aber lebensnotweniger Bestandteil einer gesunden Ernährung ist Wasser. Viele Menschen nehmen diesen Punkt nicht so ernst und vergessen jedes Mal aufs Neue, ihre täglichen 2-3 Liter Wasser zu trinken. Und damit meine ich wirklich reines Wasser. Dass dieses nicht durch 2-3 Liter Cola oder Säfte ersetzt werden kann und auch nicht sollte, ist Ihnen denke ich klar. Jedoch nehmen einige Leute an, dass reines Wasser beispielsweise durch Tee ersetzt werden kann. Dem ist jedoch nicht so. Wenn Sie also gerne Tee trinken, sollten Sie zu Ihren fünf Tassen Tee am Tag, nochmal 2-3 Liter Wasser hinzurechnen.

Auch Wasser, das mit ein wenig frischem Zitronensaft versetzt wurde, zählt nicht mehr als reines Wasser. Sie sollten sich also angewöhnen, die 2-3 Liter täglich einzuhalten und dabei darauf zu achten, dass Sie wirklich nur reines und pures Wasser trinken, das keine Zusätze enthält. Denn Wasser hält Sie nicht nur hydriert und gesund, sondern auch jung. Wenn Sie genug Wasser trinken, wird Ihre Haut automatisch straffer und jünger. Probieren Sie es doch einfach mal aus. Sie werden erstaunt sein, was allein schon genügend Wasser bewirken kann.

WAS BRAUCHT DER KÖRPER NICHT?

Genauso wie es Lebensmittel und Nährstoffe gibt, die besonders im Alter in keiner gesunden Ernährung fehlen sollten, gibt es auch gewisse Dinge, auf die Sie auf alle Fälle verzichten sollten. Denn es nützt nichts, einerseits darauf zu achten, täglich genügend Makronährstoffe, Mikronährstoffe und Wasser zu sich zu nehmen, wenn Sie sich nebenbei von genauso vielen ungesunden Lebensmitteln ernähren. Was in Ihrer gesunden Ernährung nichts zu suchen hat, erfahren Sie jetzt.

Zucker: Jeder hat doch mal Lust auf etwas Süßes. Doch diese Lust sollten Sie versuchen, so gut es geht, in Grenzen zu halten. Wenn Sie Zucker essen, nehmen Sie einfach nur leere Kalorien auf, die Ihnen nichts Gutes tun. Zucker beinhaltet keine wichtige Nährstoffe oder sonst irgendetwas, was dafür sprechen würde, ihn zu konsumieren. Zu viel Zucker führt nicht nur zur Gewichtszunahme, sondern kann auch gesundheitliche Folgen mit sich bringen, von Magenschmerzen über Übelkeitsproblemen bis hin zu Diabetes (im schlimmsten Fall). Sie haben sicherlich schon mal etwas von Altersdiabetes gehört. Im Alter sind Sie also sowieso schon anfälliger für diese Krankheit, Sie sollten sie nicht auch noch durch einen übermäßigen Zuckerkonsum provozieren.

Wenn Sie doch mal Lust auf Zucker haben sollten, dann greifen Sie am besten auf frisches Obst zurück. Machen Sie sich einen leckeren Smoothie, Saft oder Obstsalat. Auch diverse gesunde Süßigkeiten lassen sich aus gesundem Fruchtzucker herstellen. Es gibt im Internet beispielsweise unzählige Rezepte für gesunde Brownies aus rohem Kakaopulver und Datteln. Wenn Sie danach suchen, werden Sie auf jeden Fall fündig und können sich einen leckeren, süßen und dennoch einigermaßen gesunden Nachtisch zaubern.

Salz: Auch das scheinbar harmlose Salz ist gar nicht so harmlos wie es scheint. Unser Körper benötigt eine gewisse Menge an Salz, keine Frage. Er kann es nämlich nicht selber produzieren. Jedoch reicht eine Menge von circa 1,4 Gramm pro Tag vollkommen aus. Zu viel Salz kann schädlich für die Nieren und das Herz sein. Außerdem trocknet es uns innerlich aus. Mit zu viel Salz meine ich ein Überschreiten von etwa fünf Gramm Salz am Tag.

Leider lässt unsere heutige Ernährung kaum noch zu, unter diesen fünf Gramm zu bleiben. Wenn Salz wirklich nur in den Gerichten drin wäre, denen wir dieses zugeben, könnten wir unseren Salzkonsum kontrollieren und darauf achten, dass wir nicht zu viel davon konsumieren. Dadurch, dass wir heutzutage jedoch von so vielen Fertigprodukten leben, scheint es fast unmöglich zu sein, sich an die angegebene Menge zu halten. Denn egal, ob Sie einen stark verarbeiteten Aufstrich kaufen oder einfach nur ein gesund scheinendes frisches Brot, überall ist Salz drin, egal ob wir darüber Bescheid wissen oder nicht.

Wenn Sie also, genauso wie fast jeder Mensch, auch Fertigprodukte kaufen, sollten Sie zumindest versuchen, Ihre selbst zubereiteten Gerichte nicht zu würzen, um Ihre Tagesration an Salz nicht zu überschreiten. Und keine Sorge, Ihre Gerichte werden trotzdem gut schmecken. Es gibt inzwischen die verschiedensten Gewürzmischungen, die das einfache Würzen mit Salz ersetzen können. Wenn Sie Ihr Essen also nur ausreichend würzen, werden Sie das Salz gar nicht mehr vermissen. Am Anfang wird es natürlich nicht so einfach sein, da Ihr Körper noch an einen übermäßigen Salzkonsum gewöhnt ist. Doch nach einer kurzen Umgewöhnungsphase wird das Kochen ohne Salz für Sie kein Problem und keinen Mangel mehr darstellen.

Mit dieser Umstellung tun Sie nicht nur Ihrem Körper, sondern auch Ihren Geschmacksnerven etwas Gutes. Wir nehmen ein Gericht normalerweise erst als lecker wahr, wenn es gut gesalzen ist. Dabei zerstört Salz den natürlichen Eigengeschmack des entsprechenden Gerichtes. Wir streben stets an, dass unser Essen nach Salz schmeckt Im Endeffekt schmeckt also alles gleich oder zumindest sehr ähnlich. Wir schmecken Salz mit einem leichten Beigeschmack des eigentlichen Gerichtes. Wenn wir uns angewöhnen, auf Salz zu verzichten, lernen wir erneut, wie das Essen eigentlich schmeckt. Wir erleben den ursprünglichen Geschmack des Gekochten, ohne es dabei vom Salzgeschmack zu überdecken.

Sie sehen also, dass der Verzicht auf Salz nicht nur einen Vorteil mit sich bringt. Sie sollten also auf alle Fälle versuchen, dieses aus Ihrem Ernährungsplan so gut es geht zu streichen beziehungsweise den Konsum von Salz stark zu reduzieren.

Fett: Sie fragen sich jetzt vielleicht, wieso das Fett sowohl bei den gesunden, als auch bei den ungesunden Lebensmitteln vertreten ist. Das liegt daran, das Fett nicht gleich Fett ist. Denn es gibt sowohl lebenswichtige Fette, auf die Sie auf keinen Fall verzichten sollten, als auch ungesunde Fette, die Ihrem Körper nur schaden. Welche Fette gesund sind, habe ich Ihnen ja bereits vorgestellt. Zu den ungesunden Fetten zählen zum Beispiel Fettsäuren in tierischen Produkten wie Käse, fettreiche Milch, Wurst und Butter sowie die pflanzlichen Fette Margarine und

Kokosfett.

Bei einer gesunden Ernährung sollten Sie also darauf achten, diese Lebensmittel so gut wie möglich zu vermeiden. Sie liefern zwar kurzzeitig Energie, setzen sich jedoch auch an unseren Hüften ab. Wir nehmen zu und fühlen uns schwer und schwach. Dadurch haben wir das Gefühl, noch mehr Energie zu benötigen und da uns diese Fette ja Energie liefern und wir uns besser fühlen, nachdem wir sie konsumiert haben, essen wir sie erneut und nehmen noch mehr zu. Und so entsteht ein schwer zu durchbrechender Teufelskreis.

Damit Sie gar nicht erst in diesen Teufelskreis gelangen, sollten Sie von vornerein versuchen, diese ungesunden Fette zu meiden. Es gibt nämlich weitaus gesündere und bessere Energielieferanten, als Käse, Wurst und Kokosfett. Nehmen Sie lieber die im letzten Kapitel genannten gesunden Fette zu sich und halten Sie somit auch Ihren Körper gesund.

Kalorien: Kalorien an sich sind natürlich nicht schädlich. Jeder Mensch benötigt täglich eine gewisse Anzahl an Kalorien, um nicht irgendwann untergewichtig zu werden. Doch es ist wichtig herauszufinden, wie viele Kalorien Sie am Tag tatsächlich benötigen und diese Zahl nicht zu überschreiten, aber auch nicht zu unterschreiten. Denn natürlich kann nicht nur Untergewicht zu einem Problem werden, sondern genauso auch Übergewicht. Beides ist enorm ungesund für den Körper. Deswegen ist es wichtig, ein gutes Mittelmaß zu finden.

Wie viele Kalorien, welcher Mensch benötigt, ist von Person zu Person unterschiedlich. Daher ist es schwierig, eine pauschale Zahl zu nennen und das werde ich auch nicht machen. Im Internet gibt es jedoch ausreichend Kalorienzähler, die Sie nach Ihrem Gewicht, Ihrem Alter und Ihrer täglichen sportlichen Aktivität fragen. Anhand Ihrer Angaben wird dann die Kalorienanzahl festgestellt, die Sie tagtäglich benötigen.

Normalerweise hat jeder Mensch ein intuitives Gefühl dafür, wie viel Essen er benötigt, um satt zu werden. Wenn Sie ebenfalls zu diesen Menschen gehören und in Ihrem Leben noch nie Probleme mit einem gestörten Essverhalten hatten, dann brauchen Sie Ihre Kalorien nicht zu zählen und können sich einfach auf Ihr Körpergefühl verlassen. Wenn Sie jedoch eher zu den Menschen gehören, die eine lange Geschichte hinter sich haben, was ihr Essverhalten betrifft, dann ist es durchaus ratsam, die Kalorien zu zählen. Denn durch verschiedene Essverhaltensprobleme kann dieses intuitive Gefühl, wann und wie viel man essen sollte, verschwinden oder zumindest abschwächen. Das kann dazu führen, dass Sie täglich entweder viel zu viel oder viel zu wenig Nahrung zu sich nehmen. Da beides sehr ungesund ist, sollten Sie daher darauf achten, wie viele Kalorien Sie jeden Tag aufnehmen und versuchen, in der Nähe der Zahl zu bleiben, die Ihnen der Kalorienrechner anzeigt.

Fast Food und Fertigprodukte: Wie bereits erwähnt, erlaubt es uns unser Lebensstil heutzutage, nicht unbedingt täglich kochen zu müssen und generell nicht alles selber machen zu müssen. So kommt es häufig dazu, dass wir uns doch wieder einen Burger mit Pommes oder eine Pizza bestellen und unseren Brotaufstrich zusammen mit dem passenden Brot im Supermarkt kaufen, anstatt beides selber herzustellen. Das ganze Fastfood und die unzähligen Fertigprodukte können nicht gesund sein.

Beim Fastfood geht es, wie der Name schon sagt darum, ein schnelles und einfaches Essen zuzubereiten, das trotzdem noch gut schmecken soll. Dabei ist es egal, ob dieses Essen wichtige Makro – und Mikronährstoffe enthält. Hauptsache, es ist lecker. Essentielle Vitamine und andere Nährstoffe kommen dabei viel zu kurz. Es gilt: Geschmack über Gesundheit. Dabei kommt es nicht darauf an, ob Sie Ihr Fastfood irgendwo bestellen oder selber zubereiten. Denn auch in den eigenen vier Wänden achten wir gerne mal nicht darauf, was wir da eigentlich essen. Wir kommen nach einem anstrengenden Arbeitstag nach Hause und sind beinahe am Verhungern. Außerdem sind wir müde und wollen einfach nur noch essen, dabei auf dem Sofa sitzen und gemütlich einen Film schauen oder ein Buch lesen. Diese Grundstimmung verleitet uns dazu, nicht darauf zu achten, was wir kochen. Es soll einfach nur schnell gehen und uns schmecken. Der gesundheitliche Aspekt rückt dabei in den Hintergrund. Dabei sollte er viel mehr im Vordergrund stehen.

Ich weiß, es ist nicht einfach, auf das leckere Fastfood zu verzichten und sich stattdessen etwas Anständiges zuzubereiten, aber es erspart Ihnen viele gesundheitliche Probleme und spätere Folgen. Denn wenn es soweit ist, dass Ihr Körper und Ihre Gesundheit da nicht mehr mitspielen, werden Sie sich wünschen, sich besser um sich gekümmert zu haben. Doch dann wird es schon zu spät sein. Es ist also besser, Krankheiten vorzubeugen, statt sie im Nachhinein beseitigen zu müssen. Investieren Sie also in Ihre Gesundheit und nehmen Sie sich Zeit für das Kochen.

Das Gleiche gilt nicht nur für Fastfood, sondern ebenfalls für Fertigprodukte. Nehmen Sie sich Zeit und backen Sie Ihr Brot selber. So wissen Sie genau, welche Zutaten in diesem Brot enthalten sind. Sie können dann zum Beispiel das Salz, das in großen Mengen ja ungesund ist, beim Brot backen weglassen. Oder Sie stellen Ihr eigenes, selbstgemachtes und gesundes Eis her. Dafür müssen Sie nur ein paar Bananen einfrieren und sie anschließend in einem qualitativ hochwertigen Mixer zusammen mit etwas ungesüßtem Kakaopulver mixen.

Die Herstellung selbstgemachter Produkte dauert gar nicht so lange wie Sie denken und ist noch dazu gesünder als Ihre gekaufte Version. Konservierungs – und Farbstoffe bleiben somit bei der Produktion weg und Sie nehmen keine Inhaltsstoffe zu sich, von denen Sie noch nie etwas gehört haben.

Nahrungsergänzungsmittel: Auch

Nahrungsergänzungsmittel sind ja per se nichts Schlechtes. Wenn Ihnen ein bestimmter Nährstoff fehlt und Sie von diesem, aus welchen Gründen auch immer, nicht genügend über Ihre Nahrung aufnehmen können, dann sind Nahrungsergänzungsmittel eine echt tolle Erfindung. Sie helfen uns dabei, keine Mängel in unserer Ernährung auftreten zu lassen und die benötigte Menge von einem bestimmten Nährstoff auch tatsächlich aufzunehmen.

Sie sollten sich allerdings darüber im Klaren sein, dass ein Nahrungsergänzungsmittel keinen Ersatz für die Nährstoffe aus unseren Lebensmitteln darstellt, sondern, wie der Name schon sagt, diese nur ergänzt. Es hilft uns dabei, die benötigte Tagesration zu erreichen. Nahrungsergänzungsmittel sind auf keinen Fall ein Ersatz für frisches Obst, Gemüse und andere wichtige Lebensmittel. Daher sind sie auch wirklich nur mit Vorsicht zu genießen. Kommen Sie also nicht auf die Idee, dass Sie nicht auf Ihre Ernährung achten müssen, wenn Sie nur genügend Nahrungsergänzungsmittel zu sich nehmen, sondern sehen Sie diese lediglich als kleine Beihilfe zu Ihrer täglichen Ernährung an.

Übertreiben Sie es nicht mit den

Nahrungsergänzungsmitteln. Achten Sie stets auf eine ausgewogene und gesunde Ernährung und nehmen Sie die Mittel wirklich nur dann ein, wenn Ihnen ein bestimmter Nährstoff fehlt.

Einseitiges Essen: Vielfalt ist in jeder gesunden Ernährung das A und O. Jedes gesunde Lebensmittel ist für ein anderes Vitamin oder einen anderen Nährstoff bekannt. Es gibt nicht *das* eine Obst oder Gemüse, das alles enthält, was der Mensch zum Leben braucht. Daher kann man also auch nicht täglich das gleiche Gericht kochen und sich nur davon ernähren. Dieses Gericht muss auch nicht zwangsweise ungesund sein, ganz im Gegenteil: es kann sich sogar um ein wirklich gesundes Gericht handeln. Wenn in diesem Gericht jedoch nur drei verschiedene Gemüsesorten vorkommen und die Beilage ebenfalls immer die gleiche ist, wird das dem Körper auf Dauer einfach nicht ausreichen. Denn in diesen drei verschiedenen Gemüsesorten werden auf keinen Fall alle wichtigen Nährstoffe enthalten sein, die der Körper unbedingt benötigt. Deswegen ist eine Vielfalt in der Ernährung sehr wichtig.

Werden Sie also kreativ. Wenn Sie in Ihrem bisherigen Leben noch nicht so gerne gekocht haben und es meistens Nudeln mit Tomatensauce oder Kartoffelbrei gab, dann wird es spätestens jetzt höchste Zeit, etwas daran zu ändern. Kaufen Sie sich ein neues Rezeptbuch oder stöbern sie im Internet nach Rezepten. Probieren Sie neue Gerichte aus. Trauen Sie sich, auch mal Gerichte zuzubereiten, die Sie normalerweise niemals machen würden. Sie tun nicht nur Ihrem Körper damit etwas Gutes, sondern auch Ihrem Kopf. Denn so entwickeln Sie ein neues Hobby und trainieren Ihr Gehirn durch neue Kreativität. Besonders im Alter ist das sehr wichtig, um die Dauer der Leistungsfähigkeit des Gehirns zu erhöhen und die Erinnerungsfähigkeit zu stärken.

ENTGIFTUNG DES KÖRPERS

Sie wissen nun, was Ihrem Körper gut tut und was nicht. Sie haben gelernt, worauf es in einer gesunden Ernährung ankommt, welche Lebensmittel Sie in Ihren Ernährungsplan unbedingt einbauen und von welchen Sie sich verabschieden sollten. Sie sind nun für eine Ernährungsumstellung gewappnet und können schon bald damit loslegen. Doch bevor Sie eine Ernährungsumstellung wagen, sollten Sie Ihren

Körper erst mal entgiften.

Wenn Sie sich bis jetzt nämlich nicht besonders gesund ernährt haben, dann wird diese Ernährung in Ihrem Körper Spuren hinterlassen haben. Tatsächlich wird nämlich nicht alles, was wir zu uns nehmen, verdaut. Viele Reste bleiben im Körper und werden nicht direkt ausgeschieden. Wenn Sie jetzt also einfach damit beginnen, sich gesund zu ernähren, ist die Umstellung zwar natürlich gut für den Körper, jedoch befinden sich noch alte ungesunde Reste in Ihrem Verdauungssystem und diese haben in Ihrem Körper nichts zu suchen. Deswegen ist es sinnvoller, sich erst von allen ungesunden Resten zu befreien, bevor Sie Ihren Körper wieder mit gesunden Nahrungsmitteln füllen. Sie entgiften Ihren Körper also und befreien ihn von allen übrig gebliebenen Schadstoffen, bevor Sie ihm nur noch Gutes zuführen.

Für eine Entgiftung des Körpers eignet sich nichts besser, als eine Fastenkur. Bei einer Fastenkur essen Sie einen bestimmten Zeitraum lang nichts Festes zu sich, um dem Körper genügend Zeit zu gewähren, sich zu entgiften. In dieser Zeit befreit sich der Körper von allem, was ihm nicht gut tut. Sie fragen sich vielleicht, wieso man dazu auf feste Nahrung verzichten sollte. Wenn wir ganz normal regelmäßig essen, liegt der Hauptfokus unseres Körpers darauf, dieses Essen zu verdauen. Er bekommt gar keine Zeit, sich um andere Dinge zu kümmern wie um die Schadstoffe, die sich schon eine längere Zeit im Körper befinden und diesem schaden. Da der Körper sich um die Verdauung kümmern muss, kommt er gar nicht mehr dazu, sich diesen Schadstoffen zu widmen. Wenn wir jedoch unsere feste Nahrung eine gewisse Zeit lang abstellen, gewähren wir unserem Körper diese Zeit. Da es nichts mehr gibt, was er an neu dazugekommener Nahrung verdauen muss, beschäftigt er sich mit der Verdauung und Ausscheidung der Reste, die bis jetzt immer links liegen geblieben sind. Aus diesem Grund ist eine Fastenkur vor einer Ernährungsumstellung sehr empfehlenswert.

Im ersten Moment klingt es sehr radikal und fast unmöglich, auf feste Nahrung zu verzichten. Doch schon nach kurzer Zeit gewöhnt sich der Körper an diesen Zustand und sogar das Hungergefühl verschwindet. Außerdem muss der Umstieg gar nicht so radikal sein. Ganz im Gegenteil: Sie können Ihren

Körper nach und nach daran gewöhnen, auf feste Nahrung zu verzichten. Doch bevor Sie damit beginnen, müssen Sie sich erst mal von den Verdauungsresten der letzten Tage befreien, indem Sie Abführmittel benutzen. Erst dann kann sich der Körper ausschließlich auf die Entgiftung konzentrieren. Ein bis zwei Tage, bevor Sie abführen, sollten Sie damit beginnen, nur noch leichte Nahrung zu sich zu nehmen. Angefangen bei klein gemixten Suppen, ernähren Sie sich letztendlich nur noch von Brühwasser. Nachdem Sie abgeführt haben, sollte Ihre Ernährung weiterhin nur noch aus Brühwasser bestehen. Dazu kommen Säfte aus dem verschiedensten Obst und Gemüse. Sie sollten mindestens drei Mal am Tag ein Glas frisch gepressten Saft trinken. So nehmen Sie alle wichtigen Vitamine auf und geraten trotz Entgiftungskur in keinen Mangel. Auch Kräutertee ist in Ordnung. Vor allem Brennnesseltee steuert der Entgiftung bei, da Brennnesseln vor allem für ihre entgiftende Wirkung bekannt sind.

Wie lang Sie die Entgiftungskur durchziehen möchten, bleibt ganz Ihnen überlassen. Wenn Sie es nach ein paar Tagen bereits nicht mehr aushalten, nichts zu essen, dann können Sie da schon aufhören.

Jedoch sollten Sie sich dessen bewusst sein, dass der Körper einige Tage lang Zeit braucht, um sich an die fehlende Nahrung zu gewöhnen. Deswegen ist es ganz normal, dass es Ihnen in den ersten paar Tagen nicht so gut gehen wird. Sie werden sehr wahrscheinlich Kopfschmerzen haben, begleitet von einem Schwächegefühlt und natürlich Hunger. Diese Umgewöhnungsphase wird sich jedoch nach einigen Tagen legen. Verzweifeln Sie also nicht an den ersten paar Tagen und denken Sie nicht, dass es Ihnen die ganze Kur über so schlecht gehen wird, denn das ist nicht der Fall. Wenn Sie es trotz allem nach den ersten Tagen schon nicht mehr aushalten sollten, dann sollten Sie die Kur natürlich beenden. Jedoch hat sich der Aufwand dann leider kaum gelohnt, da der Körper gerade damit begonnen hat zu entgiften, als Sie die Entgiftung wieder gestoppt haben.

Die empfehlenswerte Länge einer Fastenkur beträgt mindestens eine Woche. Jedoch gilt: Je länger, desto besser. Sie können die Kur also ruhig auch drei oder sogar vier Wochen lang durchziehen. Je nachdem, wie Sie sich fühlen und ob Sie in der Lage sind, das so lange durchzuhalten. Wenn Sie merken, dass Sie langsam schwächeln, sollten Sie mit der Kur aufhören. Wichtig ist hierbei, dies nicht abrupt zu machen und von heute auf morgen wieder ganz normale feste Nahrung zu sich zu nehmen. Hören Sie so auf, wie Sie begonnen haben. Und zwar mit einer leichten Suppe. Tasten Sie sich nach und nach langsam an Ihre Ernährung heran. Nach einer leichten Suppe können Sie auch mal wieder in einen Apfel oder eine Banane beißen. Gerade nach einer mehrwöchigen Fastenkur kann es schon mal bis zu einer Woche dauern, bis sich der Körper wieder an die feste Nahrung gewöhnt hat. Also geben Sie ihm diese Zeit. Wenn Sie zu schnell wieder auf normales Essen umsteigen, werden Sie mit Bauchkrämpfen und starker Übelkeit zu kämpfen haben. Es ist nicht unwahrscheinlich, dass Sie die aufgenommene Nahrung wieder erbrechen, da Ihr Körper einfach nicht mehr an diese gewöhnt sein wird und versuchen wird, sie loszuwerden. Also lassen Sie sich Zeit, um Schmerzen und ein großes Unwohlsein zu vermeiden.

Vergessen Sie nicht, Ihre Ernährungsumstellung nach der Fastenkur durchzuziehen. Denn wenn Sie sich nach der Kur genauso ernähren wie bisher, dann hätten Sie sich die Kur auch sparen können. Klar geht es Ihnen erst mal besser, da der Körper ausreichend Zeit hatte, um sich von unnötigem Ballast zu befreien, aber wenn Sie Ihrem Körper diesen Ballast kurze Zeit später wieder zuführen, dann hält das Wohlbefinden nicht mehr lange an.

Wenn Ihnen eine typische Fastenkur zu extrem ist und Sie sich auf keinen Fall vorstellen können, eine so lange Zeit auf Essen zu verzichten, dann ist das Intervallfasten eventuell etwas für Sie. Bei dem Intervallfasten ernähren Sie sich nur acht Stunden am Tag. In den restlichen sechzehn Stunden geben Sie Ihrem Körper Zeit, sich zu entgiften. Von wann bis wann diese acht Stunden sein sollen, bestimmen Sie dabei selbst. Die Intervalle lassen sich jedoch auch anders setzen. Und zwar indem Sie sich fünf Tage die Woche normal ernähren und an den restlichen zwei Tagen nur leichte und flüssige Nahrung zu sich nehmen. Die Entgiftung bei dieser Methode des Fastens ist zwar nicht so intensiv wie bei einer Fastenkur, jedoch trotzdem effektiv. Sie ist für alle ideal, die sich das große Fasten noch nicht trauen. Sie können das Intervallfasten ja auch als Einstieg für die Fastenkur nutzen. So gewöhnen Sie sich daran, eine längere Zeit nichts zu essen und die Fastenkur wird Ihnen später nicht mehr so schwer fallen.

Ganz egal für welche Methode Sie sich letztendlich entscheiden. Wichtig ist nur, *dass* Sie sich für eine Methode entscheiden und erst einmal fasten, bevor Sie mit Ihrer neuen und gesunden Ernährung beginnen.

DIE REVERSE-AGING-DIÄT

Wenn wir schon mal beim Intervallfasten sind, möchte ich Ihnen eine Diät vorstellen, die sich an das Intervallfasten anlehnt. Diese Diät soll Sie nach einer kurzen Zeit von bereits 15 Tagen jünger machen und dem Alterungsprozess auf natürliche und gesunde Weise entgegenwirken. Ich spreche von der sogenannten Reverse-Aging-Diät. Die Idee für diese Diät kommt von der US-amerikanischen Schriftstellerin Naomi Whittel, die das Buch „Glow15" geschrieben hat, in dem es um genau diese Diät geht.

Die Reverse-Aging-Diät funktioniert folgendermaßen: Sie ernähren sich an bestimmten Tagen eiweißreich und an anderen wieder eiweißarm. Durch diesen Wechsel soll die sogenannte Autophagie im Körper aktiviert werden. Als Autophagie kann man quasi die Entgiftung in den Zellen beschreiben. Alte, kaputte und nicht brauchbare Bestandteile werden abgebaut. Dadurch wird für weniger Entzündungen und generell für einen gesünderen Körper gesorgt.

Bei der Reverse-Aging-Diät muss man sich lediglich drei Tage in der Woche zusammenreißen. Die restlichen vier Tage erfordern nicht so viel Disziplin. Auf Grund dieser Tatsache und der einfachen Umsetzung, wirkt diese Diät auf viele Menschen sehr sympathisch.

An den drei Tagen, an denen man sich zusammenreißen muss, wendet man das Ihnen bereits bekannte Intervallfasten an, bei dem man 16 Stunden lang auf Nahrung verzichtet, und in den restlichen acht Stunden essen darf. Um die 16 Stunden leichter zu überstehen, empfiehlt es sich, während dieser Zeit viel Schwarz – oder Grüntee zu trinken.

In den restlichen acht Stunden soll man jedoch nicht einfach alles blind in sich hineinschlingen, sondern wirklich nur essen, wenn man Hunger bekommt und aufhören, wenn der Hunger gestillt wurde. Außerdem soll man sich in dieser Zeit protein – und kalorienarm ernähren.

Die anderen vier Tage soll man darauf achten, sich möglichst vielfältig und ausgewogen zu ernähren. Zum Frühstück sollte der Fokus eher auf gesunden Fetten und Proteinen liegen, am Abend hingegen vor allem auf Kohlenhydraten. Diese sind deswegen nur abends erlaubt, weil laut der Reverse-Aging-Diät das Stresshormon Cortisol vor allem morgens ausgeschüttet wird. Das führt dazu, dass sich in Kombination mit einem erhöhten Insulinspiegel, der durch die Aufnahme von Kohlenhydraten ja entsteht, mehr Fett ablagern kann und man schneller zunimmt. Deswegen sollten Sie auf die Einnahme von Kohlenhydraten am Morgen verzichten.

Nachmittags sind nicht nur ein Stückchen dunkle Schokolade und etwas Rotwein erlaubt, sondern werden sogar empfohlen. Kleine Naschereien zwischendurch sind daher gut, da sie reich an sogenannten Flavonoiden sind. Flavonoide sind Antioxidantien und diese schützen, wie Sie bereits gelernt haben, die Zellen vor freien Radikalen. Das Altern der Zellen und das Krebsrisiko werden dadurch gesenkt.

Damit die Reverse-Aging-Diät noch besser funktioniert, sollten Sie die Diät außerdem mit etwas Sport begleiten. An den Fastentagen reicht es vollkommen aus, wenn Sie einfach nur spazieren gehen oder eine kleine Runde joggen. An den restlichen Tagen sollten Sie jedoch versuchen, sich mindestens eine halbe Stunde pro Tag sportlich zu betätigen.

Ob man bereits nach 15 Tagen, die diese Diät ja nur dauern soll, schon sichtbare Veränderungen bemerkt, ist von Mensch zu Mensch unterschiedlich. Richtig ist jedoch, dass die Reverse-Aging-Diät auf jeden Fall funktioniert und Sie wieder jünger macht. Also probieren Sie sie aus und überzeugen Sie sich selbst. Und wenn Sie nach den besagten 15 Tagen noch gar keinen Unterschied merken, dann können Sie die Diät beenden und immer noch auf eine andere Ernährungsform zurückgreifen. Wie diese Ernährungsform aussehen sollte, erfahren Sie im folgenden Kapitel.

WIE SOLLTE MAN SICH IM HÖHEREN ALTER ERNÄHREN?

Je älter man wird, desto weniger Energie benötigt der Körper. Das liegt unter anderem daran, dass sich unser Körper ab einem Alter von etwa 30 Jahren, nicht mehr weiterentwickelt, im Sinne von der Weiterausbildung der Organe, der Knochen und so weiter. Ab diesem Alter werden wir einfach nur noch älter. Es muss nichts mehr „fertiggestellt" werden, da schon alles fertig ist. Wir haben unseren Höhepunkt erreicht. Ab diesem Zeitpunkt benötigen wir daher einfach nicht mehr so viel Energie wie bisher. Dementsprechend sollte also auch die Ernährung daran angepasst werden. Sie sollten anfangen, weniger Kalorien aufzunehmen, da nun weniger Kalorien verbraucht werden, als früher und die überschüssigen Kalorien sich zum Beispiel an Ihren Hüften ablagern können.

Während der Bedarf an Kalorien mit dem höheren Alter immer weiter sinkt, bleibt der Bedarf an Nährstoffen immer noch gleich. Deswegen sollten Sie vor allem damit beginnen, Lebensmittel zu konsumieren, die zwar nicht so kalorienreich sind, aber dennoch ausreichend Makro – und Mikronährstoffe beinhalten. Zu den kalorienärmsten Lebensmitteln zählt vor allem jegliches Gemüse. Aber auch Obst ist nicht sehr kalorienhaltig. Proteinhaltige Lebensmittel sind ebenfalls ideal für eine kalorienarme Ernährung, da Eiweiß an sich kein direkter Energielieferant für den Körper ist. Es muss erst mal zu Energie umgewandelt werden und diese Umwandlung kostet ebenfalls Energie. Daher werden bei der Umwandlung wiederum Kalorien verbrannt. Mit einer proteinhaltigen Ernährung verzichten Sie also nicht nur auf überflüssige Kalorien, sondern verbrennen noch dazu welche.

Vollkornprodukte enthalten zwar Kalorien, sättigen aber sehr stark. Daher macht schon eine kleine Menge an Vollkornprodukten sehr satt und die Kalorienzahl wird dabei stark in Grenzen gehalten. Ein weiteres Lebensmittel, das ziemlich kalorienarm und dennoch sehr sättigend ist, ist die Kartoffel. Deswegen sollten Sie auch diese in Ihrem Ernährungsplan nicht vergessen.

Neben einer ausgewogenen und vielseitigen Ernährung, darf auf keinen Fall genügend Wasser fehlen, wenn die Ernährung gesund sein soll. Je älter man wird, desto mehr lässt auch der Durst nach. Das heißt jedoch nicht, dass der Körper plötzlich keine Flüssigkeitszufuhr mehr braucht. Sie müssen also trotz mangelnden Durstgefühls stets darauf achten, immer ausreichend viel zu trinken. Mindestens 2 Liter am Tag sind dafür notwendig.

Trotz einer nährstoffreichen Ernährung, kann es im höheren Alter leichter zu Mängeln kommen. So nimmt die Haut im Alter beispielsweise Vitamin D über das Sonnenlicht nicht mehr so gut auf. Deswegen sollten Sie dieses als Nahrungsergänzungsmittel zu sich nehmen.

Auch ein Folsäuren – oder Jodmangel sind nicht selten. Auch hier können Sie ruhig nachhelfen. Doch bevor Sie zu irgendwelchen Tabletten greifen, sollten Sie das Ganze noch mal genau mit Ihrem Hausarzt besprechen und einen Bluttest machen lassen. Denn einfach so etwas einzunehmen, von dem Sie denken, dass Sie es eventuell bräuchten, wird nicht sehr gesund sein. Besser ist es, erst mal alles checken zu lassen und danach zu entscheiden, welche Nährstoffe Sie in Form von Tabletten einnehmen sollten und bei welchen Sie einfach auf entsprechende Lebensmittel zurückgreifen können.

Doch nicht nur *was* Sie essen ist wichtig,

sondern auch *wie* Sie es essen. Essen soll nicht nur dazu dienen, uns einfach nur am Leben zu halten, sondern soll auch auf jeden Fall Spaß machen. Viele Menschen verlieren im hohen Alter immer mehr die Lust am Essen, da ihre Geschmacksknospen nicht mehr so gut funktionieren wie früher und auch ihr Geruchssinn mit der Zeit immer mehr nachlässt. Dadurch nehmen sie den Geschmack und den Geruch des Essens nicht mehr so intensiv wahr und essen nur noch, weil sie es müssen und nicht, weil sie es wollen.

Damit Sie sich nicht auch so fühlen, empfiehlt es sich, das Essen einfach stärker zu würzen. Kaufen Sie sich bei Ihrem nächsten Einkauf doch einfach mal fünf neue Gewürze und sparen Sie beim würzen Ihres Essens nicht. Weil Sie ja Salz aus Ihrem Ernährungsplan streichen sollten, ist es sowieso schon mal sinnvoll, sich viele neue Gewürze anzuschaffen. Und wenn dann noch Ihre Geschmacksknospen nachlassen, ist das gute Würzen Ihres Essens umso wichtiger.

Denken Sie beim Zubereiten Ihres Essens auch immer an den Spruch: „Das Auge isst mit" und richten Sie Ihr Essen danach aus. Auch Ihr Sehvermögen wird im höheren Alter nicht mehr so gut sein wie früher. Bedenken Sie das und gestalten Sie Ihr Essen dementsprechend bunter und farbenfroher als früher, damit Sie weiterhin Gefallen daran finden.

DIESE LEBENSMITTEL SIND BESONDERS GUT

Sie wissen nun, wie Sie sich im zunehmenden Alter ernähren sollten und wie Ihre Ernährungsumstellung am besten aussehen sollte. Doch neben den grundsätzlichen Regeln, gibt es außerdem noch Lebensmittel, die den Alterungsprozess verlangsamen und die Sie daher regelmäßig konsumieren sollten. Um welche Lebensmittel es sich dabei handelt, erfahren Sie jetzt.

Ananas: Ananas eignet sich ideal als kalorienarmes, aber nährstoffreiches Lebensmittel. Sie enthält nämlich sehr viel Vitamin A und Vitamin C. Dadurch werden Entzündungsgefahren und Gelenkschmerzen vermindert, die ja gerade im höheren Alter nicht gerade selten sind. Sie hilft einem also dabei, sich wieder jung und gesund zu fühlen. Außerdem enthält sie den Wirkstoff Bromelian, der dabei hilft,

Eiweiße besser zu verdauen.

Avocados: Die verjüngende Wirkung von Avocados wurde bereits in mehreren Studien nachgewiesen. Die in den Avocados enthaltenen Vitamine und natürlichen gesunden Fette, helfen dabei, die Haut weich und geschmeidig zu halten. Außerdem enthalten Avocados Lutein und Carotinoide. Diese sind entzündungshemmend und wirken dem Alterungsprozess aktiv entgegen. Sie senken außerdem das Krebsrisiko.

Beeren: Beeren sind sehr reich an den verschiedensten Nährstoffen. Dazu zählen beispielsweise Vitamin C, Vitamin E und Vitamin K sowie Antioxidantien und Ballaststoffe. Wer ausreichend Beeren isst, hilft seinen Knochen dabei, stark zu bleiben. Und da mit zunehmendem Alter die Knochen immer schwächer werden, ist das sehr wichtig. Auch Ihrer Haut und Ihrem Verdauungstrakt tun Sie beim Verzehr von Beeren etwas Gutes.

Bohnen: Bohnen eignen sich nicht nur ideal für eine Ernährung im höheren Alter, weil Sie kalorienarm und proteinreich sind, sondern weil sie auch voll mit wichtigen Ballaststoffen sind und außerdem entzündungshemmend wirken. Und alles, was entzündungshemmend wirkt, wirkt auch gegen einen schnellen Alterungsprozess.

Grüntee: Sie wissen ja bereits, dass freie Radikale für den Körper gefährlich werden können, da sie unsere Zellen angreifen. Die im Grüntee vorhandenen Polyphenole sorgen dafür, dass diese freien Radikale neutralisiert und die Zellen geschützt werden. Und je länger unsere Zellen geschützt und gesund bleiben, desto länger bleiben wir jung.

Karotten: Karotten enthalten nicht nur das wichtige Vitamin A, sondern auch Beta-Carotin. Über dieses wird sich vor allem Ihre Haut sehr freuen. Denn Beta-Carotin beugt der unerwünschten Faltenbildung vor und heilt die Haut. Außerdem sind Karotten ja bekanntlich gut für eine stark bleibende Sehkraft, also vor allem im höheren Alter sehr wichtig.

Knoblauch: Auch Knoblauch wirkt, genauso wie die Bohnen, entzündungshemmend. Genauer genommen wirkt nicht der Knoblauch an sich entzündungshemmend, sondern das in ihm vorhandene, antioxidantische Allicin. Dieses entsteht jedoch erst, wenn der Knoblauch zerkleinert wird und nicht in seiner ganzen, ursprünglichen Form bleibt.

Deswegen ist es empfehlenswert, den Knoblauch immer kleinzudrücken, bevor man ihn in sein Essen gibt.

Kurkuma: Kurkuma wirkt ebenfalls antioxidantisch und entzündungshemmend. Mit Hilfe von Kurkuma wird die Verdauung unterstützt und der Alterungsprozess verlangsamt. Dieses Gewürz sollte also in keinem Ihrer Gerichte fehlen. Falls Sie noch nie etwas von Kurkuma gehört haben, dann kann ich Ihnen nur sagen, dass Sie es leiben werden, wenn Sie auch ein Curry-Liebhaber sind. Kurkuma sieht nicht nur so aus wie Curry, sondern schmeckt auch ziemlich ähnlich. Doch nicht nur in asiatischen Curry-Gerichten lässt sich dieses Gewürz super unterbringen. Auch zu so gut wie zu jedem anderen Gericht passt es echt super, solange man es damit nicht übertreibt.

Linsen: Wenn Sie regelmäßig Linsen essen, wird Ihre Haut sich sehr darüber freuen. Linsen enthalten nämlich sogenannte Phytoöstrogene. Diese schaffen es, das Bindegewebe und die Haut straffer und schöner zu machen. Sie sollten also bei Ihrer Ernährung nicht auf Linsen verzichten.

Nüsse: Nüsse helfen nicht nur Ihrem Körper, da sie sehr reich an gesunden Fetten sind, sondern ebenfalls Ihrem Erinnerungsvermögen. Denn Nüsse, egal ob Walnüsse, Mandeln, Haselnüsse oder Chashewkerne, enthalten neben den Fetten auch noch verschiedene B-Vitamine, die Ihre Erinnerungsfähigkeit stärken und Ihnen dabei helfen, nicht so schnell an einen Punkt zu kommen, an dem Sie immer mehr vergessen.

Olivenöl: Olivenöl ist dafür bekannt, verschiedenen Krankheiten wie zum Beispiel Krebs, Altersdemenz oder Herzproblemen vorzubeugen. Wichtig ist jedoch, dass Sie das Olivenöl nicht zum Kochen verwenden, da seine Wirkung beim Erhitzen sonst verloren geht. Stattdessen sollten Sie etwa drei Esslöffel täglich zu Ihrem Salat geben oder es anderweitig unverarbeitet konsumieren.

Omega 3 Fettsäuren: Omega 3 Fettsäuren halten Ihr Gehirn jung, indem Sie dem Alterungsprozess des Gehirns entgegenwirken. Sie finden Omega 3 Fettsäuren vor allem in Fisch, aber auch zum Beispiel in Hanföl.

Schokolade: Sie fragen sich vielleicht, was denn die Schokolade hier zu suchen hat. Wie Sie in dem Kapitel über die Reverse-Aging-Diät jedoch bereits erfahren haben, bedeutet Schokolade nicht unbedingt etwas Schlechtes. Natürlich nur, wenn sie nicht übermäßig viel Zucker enthält und es sich um Bitterschokolade oder zumindest um Zartbitterschokolade handelt. In kleinen Mengen kann Sie dann sogar gesund sein, da sie wichtige Flavonoide enthält, die die freien Radikale im Körper ungefährlich machen und somit zum Beispiel das Krebsrisiko senken.

Spinat: Dass Spinat gesund ist, ist uns wohl allen bekannt. Doch besonders im Alter sollten Sie genügend Spinat in Ihre Gerichte mit einbinden. Die im Spinat enthaltenen Ballaststoffe helfen bei der Verdauung, die ja im Alter nicht mehr so gut funktioniert. Außerdem wirkt er entzündungshemmend und verhindert Zellschäden, wegen der in ihm enthaltenen Antioxidantien. Damit jedoch all diese guten Eigenschaften im Spinat weiterhin erhalten bleiben, sollten Sie in kühl aufbewahren.

Tomaten: Tomaten enthalten ebenfalls Antioxidantien, die entzündungshemmend wirken. Jedoch haben Tomaten noch eine weitere Eigenschaft: Sie verlangsamen das Altern der Haut, indem sie gegen die Faltenbildung ankämpfen. Außerdem schützen sie die Haut vor dem gefährlichen UV-Licht.

Weintrauben: Weintrauben enthalten das sogenannte Resveratrol, welches Ihr Erinnerungsvermögen steigern kann. Außerdem sollen Weintrauben es schaffen, das positive Denken anzuregen und sich wohler in seinem Körper und somit auch wieder jünger zu fühlen. Sie helfen also nicht nur Ihrem Körper, sondern auch Ihrem Wohlbefinden.

Das waren die besten Lebensmittel, die Sie im stets zunehmenden Alter, immer häufiger konsumieren sollten. Wie Sie sehen, ist in dieser Liste nichts Exotisches dabei, wovon Sie noch nie etwas gehört haben. Alle Lebensmittel können Sie ganz einfach in einem Supermarkt kaufen und alle Lebensmittel lassen sich ganz einfach in Ihren täglichen Ernährungsplan mit einbauen. Also machen Sie das auch und helfen Sie Ihrem Körper somit, dem Alterungsprozess entgegen zu wirken und sich wieder jünger zu fühlen.

DARAUF SOLLTEN SIE VERZICHTEN

Genauso wie es Lebensmittel gibt, die den Alterungsprozess verlangsamen und ihm entgegenwirken,
gibt es natürlich auch Lebensmittel, die ihn beschleunigen und die Sie deswegen am besten vermeiden sollten. Die Liste der altersbeschleunigen-
den Lebensmittel ist zum Glück kürzer als die Liste
der altersverlangsamenden. Sie müssen sich also
keine Sorgen darüber machen, dass Sie von nun an
auf unzählige Sachen verzichten müssen, denn wie
gesagt halten sich diese Lebensmittel in Grenzen. Die
Lebensmittel, von denen die Rede ist, stelle ich Ihnen
nun vor.

Einige pflanzliche Fette: Wie Sie ja im letzten
Kapitel gelernt haben, sollten Sie etwa drei Esslöffel
Olivenöl am Tag zu sich nehmen. Doch das gilt tatsächlich vor allem für Olivenöl. Denn die meisten
pflanzlichen Öle schaden dem Körper mehr, als dass
sie ihm etwas Gutes tun. Verzichten Sie also so gut es
geht auf alle Öle, außer Olivenöl (Avocadoöl ist auch
noch in Ordnung). Maisöl, Sonnenblumenöl und So-
jaöl sollten in Ihrer Ernährung nichts verloren haben.

Kaffee: In geringen Mengen ist Kaffee vollkommen in Ordnung, jedoch sollte man es auf keinen Fall übertreiben. Denn nicht nur erhöhte Schlaflosigkeit, mit der man im Alter sowieso schon genug zu kämpfen hat, ist die Folge von einem zu hohen Kaffeekonsum. Kaffee bewirkt, dass man hellwach und total aufgedreht ist. Und wenn Sie aufgedreht sind, wird das Stresshormon Cortisol ausgeschüttet, welches das Altern beschleunigen kann. Es kann der Haut und auch den Zähnen schaden. Außerdem entzieht Kaffee Ihrem Körper Wasser und trocknet Sie von innen aus. Ihre Haut wird trockener und faltiger.

Mais: Mais hört sich erst mal ziemlich gesund an und Sie fragen sich wahrscheinlich, wieso es auf der Liste der alterungsbeschleunigenden Lebensmittel gelandet ist. Das liegt daran, dass Maisprodukte den Blutzuckerspiegel sehr stark in die Höhe schießen lassen. Das kann vor allem im höheren Alter sehr gefährlich werden. Genauso wie durch zu viel Zuckerkonsum, kann es auch hier im schlimmsten Fall im Altersdiabetes enden. Versuchen Sie also Maisprodukte zu vermeiden. Das wird eine kleine Herausforderung, da sich Mais oft in Produkten befindet, in denen man es am wenigsten erwartet. Dazu zählen beispielsweise Müsliflocken, Sirup, Gewürze, Erfrischungsgetränke, Tomatensaucen und generell verarbeitete Produkte.

Milch: Noch immer wird von den meisten Menschen der Mythos aufrechterhalten, Milch spende dem Körper Kalzium und sei daher gut für die Knochen. Klar ist in Milch Kalzium enthalten. Doch neben dem Kalzium enthält Milch auch tierisches Protein, was im menschlichen Körper zu einem Säureüberschuss führt. Diese überschüssige Säure versucht der Körper mithilfe von basischem Kalzium zu bekämpfen. Und dieses Kalzium nimmt er aus seinen eigenen Knochen. Im Endeffekt bedeutet das, dass Milch dem Körper nicht Kalzium spendet, sondern sogar entzieht. Die Knochen werden schwach und zerbrechlich. Vor allem im Alter kann das sehr gefährlich werden.

Salz: Dass Salz in großen Mengen sehr gesundheitsschädigend ist, haben Sie ja bereits erfahren. Also achten Sie auf Ihren Salzkonsum und versuchen Sie ihn zu reduzieren. Ihr Körper wird es Ihnen danken.

Weizen: Die im Weizen enthaltenen Kohlenhydrate werden im Körper zu Zucker umgewandelt und heben den Blutzuckerspiegel, genauso wie Weizen-produkte, sehr stark an. Und zwar sogar noch mehr als Zucker. Sie sollten Weizen also umgehend meiden und auf Dinkel – oder Roggenmehl umsteigen. Am besten in der Vollkornvariante.

Wurst: Wurst ist, wie Sie wissen, ein stark verarbeitetes Fertigprodukt. Sie enthält sehr viel Salz und ungesundes Fett. Außerdem wirken die in der Wurst enthaltenen tierischen Proteine, wie Sie ja bereits gelernt haben, säurebildend. Es wird also erneut Kalzium aus den Knochen benötigt, um diese Säure wieder auszugleichen und schädigt im Umkehrschluss Ihre Knochen. Falls Sie also bis jetzt ein leidenschaftlicher Wurstesser waren, sollten Sie sich das von nun an abgewöhnen.

Zucker: Dass Zucker ungesund ist, wissen Sie ja auch. Genauso wie das Salz, sollten Sie Zucker so gut es geht meiden, um Krankheiten wie Diabetes oder Magen – und Hautproblemen vorzubeugen. Stattdessen sollten Sie auf mehr Obst zurückgreifen, wenn Ihnen mal wieder nach etwas Süßem zumute ist.

Das waren die Lebensmittel, auf die Sie in Ihrer Ernährung verzichten sollten. Wie Sie sehen, sind das gar nicht so viele. Daher lässt es sich, denke ich, gut einrichten, diese Lebensmittel größtenteils aus Ihrem Ernährungsplan zu streichen. Niemand erwartet von Ihnen, dass Sie von heute auf morgen alle erwähnten Lebensmittel weglassen und nie wieder essen. Eine Ernährungsumstellung braucht Zeit, also geben Sie sich diese Zeit und gehen Sie die Sache langsam an.

Das gilt für die guten Lebensmittel genauso wie für die schlechten. Nehmen Sie Schritt für Schritt immer mehr gesunde Lebensmittel in Ihre Ernährung auf, die den Alterungsprozess verlangsamen. Währenddessen streichen Sie aber auch immer mehr ungesunde Lebensmittel, die das Altern beschleunigen. Hetzen Sie sich nicht. Veränderungen dauern nun mal. Wenn Sie auf sich selber zu viel Druck ausüben und sich von jetzt auf gleich plötzlich komplett anders ernähren, werden Sie sehr wahrscheinlich wieder rückfällig. Also beeilen Sie sich nicht und geben Sie Ihrem Körper und Ihrem Geist die Zeit, die er für diese Umstellung benötigt.

Der wichtige Faktor Sport

Eine gesunde und ausgewogene Ernährung ist nicht das Einzige, das Ihren Alterungsprozess verlangsamen und Sie verjüngen kann. Wie Sie gelernt haben, spielt Sport ebenfalls eine wichtige Rolle, wenn es darum geht, jung zu bleiben. Sport lässt Sie sich nicht nur jünger fühlen, sondern steigert erwiesenermaßen auch tatsächlich die Lebenserwartung.

Wenn Sie nicht Ihr Leben lang regelmäßig Sport getrieben haben, hört sich das im ersten Moment vielleicht unmöglich für Sie an. Ihre Knochen tun

Ihnen womöglich weh und Ihr Rücken schmerzt. Sie haben vielleicht schon Schwierigkeiten, überhaupt aufzustehen und fragen sich, wie Sie da dann auch noch Sport machen sollen.

An diesem Punkt kann ich Sie beruhigen. Denn mit „Sport" meine ich nicht, dass Sie von nun an jeden Tag eine Stunde joggen gehen und anschließend auch noch eine einstündige Trainingseinheit zu „Bauch, Beine, Po" einlegen müssen. Wenn Sie sich dazu noch in der Lage fühlen, dann ist das natürlich super. Wenn Ihnen aber wie gesagt bereits das Aufstehen schwer fällt und Sie sich seit Jahren nicht mehr sportlich betätigt haben, dann werden Sie nicht einfach so mal eben dreißig Sit-Ups und zwanzig Liegestützen machen können. Aber das müssen Sie auch nicht.

Sport im Alter ist nicht das Gleiche wie in jungen Jahren. Gerade wenn Sie lange nicht mehr sportlich aktiv waren, ist Ihr Körper ziemlich eingerostet und muss erst mal wieder geweckt und auf Trab gebracht werden. Dabei reicht es, wenn Sie damit beginnen, täglich erst mal nur 10-20 Minuten zu opfern, um sich sportlich zu betätigen. Später können Sie die Zeit steigern, aber für den Anfang wird das erst mal genug sein. Welche sportlichen Aktivitäten Sie machen können, erkläre ich Ihnen in den folgenden Kapiteln.

Bevor Sie jedoch damit beginnen Sport zu treiben, sollten Sie das nochmal mit Ihrem Hausarzt besprechen. Es kann natürlich sein, dass Sie aus gesundheitlichen Gründen etwas vorsichtiger sein sollten, was das Sport machen betrifft. Also vergewissern Sie sich erst einmal, ob Sie überhaupt Sport machen dürfen und wenn ja, welchen und wie viel.

VERSCHIEDENE SPORTLICHE AKTIVITÄTEN IM HOHEN ALTER

Die alte Sportart wieder aufnehmen: Die meisten Menschen sind in ihrem Leben irgendeiner Sportart nachgegangen, die sie leidenschaftlich gerne ausgeübt haben. Vielleicht gehören auch Sie zu diesen Menschen. Die einfachste Methode, um in die Welt des Sports wieder reinzukommen ist, die Sportart von früher wieder aufzunehmen. Alles, was wir in unserem Leben lernen, speichert sich im Gehirn ab und wird nie komplett vergessen. Wenn Sie also keine Lust darauf haben, erst mal in eine neue

Sportart reinzukommen und sie zu lernen, dann gehen Sie wieder Ihrer alten Sportart nach. Es wird Ihnen nicht allzu schwer fallen, da wieder herein zu finden. Außerdem können Sie sich so ziemlich sicher sein, dass Ihnen der Sport auch Spaß machen wird, da er das ja früher mal viele Jahre auch getan hat.

Wenn Sie also früher beispielsweise im Tanzen waren, dann testen Sie aus, woran Sie sich noch erinnern können und tanzen Sie. Haben Sie früher gerne Fußball gespielt, dann kramen Sie Ihren alten Fußball aus der Abstellkammer hervor und finden Sie heraus, welche Tricks Sie noch drauf haben. Vergessen Sie jedoch nicht, dass Ihr Körper nicht mehr so stabil und belastbar ist, wie er es damals war, als Sie Ihre Sportart noch regelmäßig ausgeübt haben. Gehen sie die Sache also langsam an und tasten Sie sich immer mehr an Ihre Grenzen heran. Provozieren Sie diese Grenzen jedoch auf keinen Fall und hören Sie auf, wenn Sie merken, dass es langsam schwierig wird und Sie sich nicht mehr wohl fühlen.

Ihre Grenzen zu erkennen und zu respektieren, ist im Alter noch viel wichtiger, als in jungen Jahren, da Sie viel zerbrechlicher sind, als Sie es früher waren und deswegen noch mehr auf sich Acht geben müssen. Denn wenn Sie das nicht machen, könnte das Ganze sehr schlecht für Sie enden.

Walking: Das Walking bietet Ihnen eine tolle Möglichkeit, die Zeit in der Natur mit Sport zu kombinieren. Durch das Walken kurbeln Sie Ihre Durchblutung an und stärken vor allem Ihre Beinmuskeln. Nebenbei genießen Sie die warmen Sonnenstrahlen auf Ihrem Gesicht, das Zwitschern der Vögel und den leichten Wind. Was gibt es Schöneres, als seinen Sport mit der Natur in Einklang zu bringen.

Während ich Ihnen das Walken empfehle, rate ich Ihnen vom Joggen nur ab. Wenn man nicht weiß, wie man richtig joggt, schadet man schon im jungen Alter seinem Rücken. Im höheren Alter passiert das dementsprechend noch viel schneller. Das Aufkommen während des Joggens ist sehr ruckartig und deswegen auch gefährlich. Generell sollten Sie Sportarten, in denen viele ruckartige Bewegungen vorkommen, meiden. Dazu zählen zum Beispiel neben dem Joggen vor allem Mannschaftssportarten, bei denen man schnell sein muss und bei denen man leicht mal gegeneinander rennt und sich verletzt. Versuchen Sie also, solche Sportarten zu vermeiden.

Wandern: Wenn für Sie bereits das Walking zu

schnell ist und Sie sich das selber nicht zutrauen, dann können Sie auch erst mal mit dem einfachen und langsamen Wandern beginnen. Lassen Sie sich dabei ruhig Zeit und machen Sie genügend Pausen. Während das Walking eher schnell und kurz ist, kann sich das Wandern schon mal über mehrere Stunden ziehen. Doch das ist nicht schlimm. Im Gegenteil: Nur weil eine Wanderung relativ langsam vonstattengeht, heißt das nicht, dass sie weniger anstrengend ist, als eine Jogging – oder Walkingrunde. Versuchen Sie es also erst mal mit dem Wandern, bevor Sie sich später vielleicht doch noch für das Walking begeistern können und sich bereit dazu fühlen.

Denken Sie daran, sich für das Wandern ausreichend Proviant mitzunehmen, da Sie eine längere Zeit weg sein werden und Wandern viel Energie benötigt. Da kann eine kleine Stärkung zwischendurch schon sehr hilfreich sein.

Fahrrad fahren: Sich zu Fuß fortzubewegen, sagt nicht unbedingt jedem zu. Vielleicht gehören Sie ja auch zu den Menschen, die nicht gerne zu Fuß unterwegs sind. Zwar ist das gerade im höheren Alter sehr wichtig, muss jedoch nicht als die Hauptsportart im Alltag übernommen werden. Sie können sich nämlich auch einfach mit dem Fahrrad fortbewegen, wenn Ihnen das lieber ist. Dabei können Sie bei kleinen, zehnminütigen Runden beginnen und diese dann vielleicht sogar auf kleine Fahrradtouren ausweiten. Je nachdem wie fit und bereit Sie sich für eine Fahrradtour fühlen.

Wenn Sie sich nicht mehr in der Lage fühlen, im Sommer in den Urlaub zu fliegen oder Ihnen das Geld dazu einfach nicht reicht, können Sie Ihren kleinen Sommerurlaub auch durch eine etwas größere Fahrradtour ersetzen, die zum Beispiel etwa eine Woche geht. Wenn Ihr Rücken das zulässt, können Sie jeden Abend auf einem Campingplatz übernachten, wenn nicht, dann in einem Hostel oder günstigen Hotel.

All das muss aber natürlich nicht sein und dient nur als kleine Anregung. Eine halbe Stunde Fahrrad fahren am Tag reicht selbstverständlich ebenfalls aus, um sich sportlich zu betätigen.

Gymnastik: Das waren nun einige Ideen, wie Sie draußen sportlich aktiv sein können. Doch vielleicht sind Sie nicht der Typ Mensch, der gerne raus geht und erst recht nicht gerne draußen Sport treibt. In diesem Fall gibt es natürlich auch genügend

Möglichkeiten, sich drinnen sportlich zu betätigen. Gymnastik ist eine dieser Möglichkeiten. Dabei können Sie entscheiden, ob Sie sich für einen bestimmten Gymnastikkurs bewerben oder die Übungen doch lieber zuhause machen. Es gibt inzwischen ein breites Angebot an Gymnastikkursen für ältere Menschen. So müssen Sie sich nicht um die Auswahl der richtigen Übungen kümmern und lernen noch dazu neue Menschen in Ihrem Alter kennen.

Meiner Meinung nach ist die Variante des Gymnastikkurses also die bessere. Im Endeffekt muss aber jeder für sich selber entscheiden, welche Möglichkeit ihm besser gefällt. Vielleicht fühlen Sie sich ja in der Anwesenheit anderer Menschen unter Druck gesetzt und unwohl, wenn es darum geht, Sport zu treiben. Dann ist es natürlich besser, wenn Sie die Übungen zu Hause machen. So kommen Sie dann auch zu einem besseren Ergebnis.

Wassergymnastik: Vielleicht ist Ihnen die klassische Gymnastik ja auch zu langweilig und Sie wollen Ihren regelmäßigen Sport etwas interessanter gestalten. Dann könnten Sie statt der normalen Gymnastik, die Wassergymnastik ausprobieren. Wie der Name schon sagt, liegt auch diesmal der Fokus auf

Gymnastikübungen, mit dem Unterschied, dass diese im Wasser stattfinden. Wenn Sie sich also sowieso gerne im Wasser aufhalten und gerne schwimmen gehen, dann könnte das der perfekte Sport für Sie sein. Auch hier haben Sie mal wieder die Wahl zwischen einem Kurs oder der Möglichkeit, sich selber ein paar Gymnastikübungen beizubringen und diese dann in einem Schwimmbad anzuwenden.

Neben der Wassergymnastik ist es auch super, wenn Sie generell viel Zeit im Schwimmbad verbringen und einfach ein paar Runden schwimmen. Denn auch das einfache Schwimmen ist eine tolle, leichte und gesunde Sportart, der Sie im Alter nachgehen können.

Yoga: Wenn Sie Ihren Körper durch genügend Gymnastikübungen wieder einigermaßen auf Trab gebracht haben und er nicht mehr so eingerostet ist, wie er es vor einiger Zeit noch war, können Sie sich auch einen Schritt weiter trauen und dem Yoga eine Chance geben. Yoga ist natürlich anstrengender, als einfache Gymnastik. Jedoch stellt es trotzdem eine geeignete Sportart im Alter dar, da es eine sehr ruhige und langsame Sportart ist, bei der man nicht Gefahr läuft, sich irgendetwas zu brechen oder sich zu verletzen. Wenn Sie also genug von den einfachen Gymnastikübungen haben, dann probieren Sie es doch mal mit Yoga aus.

WEITERE AKTIVITÄTEN, DIE BEWEGUNG ERFORDERN

Im letzten Kapitel haben Sie erfahren, welche Möglichkeiten es für Sie gibt, sich im Alter sportlich zu betätigen. Es gibt jedoch auch noch andere Methoden, in Bewegung zu bleiben und diese sollten Sie auf jeden Fall beherzigen und in Ihren Alltag integrieren.

Ich spreche davon, dass Sie generell aktiver werden sollten. Entfernen Sie sich also von dem Gedanken, den ganzen Tag auf dem Sofa herumzuliegen, bis Sie sich dann eine halbe Stunde lang sportlich betätigen, um dann wieder für den restlichen Tag auf das Sofa zurückzufallen. Das ist nämlich auf keinen Fall genug. Dreißig Minuten Aktivität am Tag reichen nicht aus. Sie wollen sich ja schließlich nicht nur in diesen dreißig Minuten jung und lebendig fühlen, sondern auch den restlichen Tag über. Und das schaffen Sie nur, indem Sie sich auch den Rest des

Tages beschäftigt halten.

Sie können sich zum Beispiel vornehmen, zwei Mal die Woche einen kleinen Ausflug zu machen. Besuchen Sie den nächstgelegenen Freizeitpark oder fahren Sie an einen See. Gehen Sie mal wieder ins Kino oder mit Ihren Freunden in ein Restaurant. Durch diese körperliche Aktivität bewirken Sie auch ziemlich viel, was Ihre Einstellung zum Leben betrifft. Sie halten sich nicht nur körperlich auf Trab, sondern auch geistig. Sie zeigen Ihrer Psyche nämlich sozusagen, dass Sie ein spannendes Leben führen und es immer etwas Neues zu erleben gibt. Dadurch bekommen Sie nicht das Gefühl, dass Sie alt sind und nichts mehr unternehmen können, sondern fühlen sich wieder jung und abenteuerlustig.

Es muss sich also nicht immer nur ausschließlich darum drehen, sich zu bewegen, sondern im Allgemeinen aktiv zu bleiben. Nicht nur körperlich, sondern auch geistig. Denn Sie wollen ja schließlich nicht nur Ihren Körper, sondern auch Ihren Geist trainieren. Was nützt es Ihnen, wenn Sie sich körperlich fit fühlen, aber geistig total schlapp und unterfordert sind. Es wird sich bestimmt nicht gut anfühlen, sein Gedächtnis immer mehr zu verlieren und

Dinge immer häufiger zu vergessen. Trainieren Sie also auch Ihren Kopf und lassen Sie Ihn nicht verrosten.

Das können Sie zum Beispiel machen, indem Sie verschiedene Spiele spielen, die Ihre Konzentration erfordern und Ihr Erinnerungsvermögen trainieren, wie zum Beispiel Memory. Auch Kreuzworträtsel oder Sudokus trainieren Ihr Gehirn. Kaufen Sie sich am besten ein Rätselbuch und nehmen Sie sich vor, täglich zwei Rätsel zu lösen. Ein Rätsel, das etwas mit Worten zu tun hat und eins, das etwas mit Zahlen zu tun hat.

Ein weiterer Tipp ist es, sich neue Hobbies zu suchen, denn neue Hobbies halten uns nicht nur aktiv, sondern fordern auch die Gehirnaktivität heraus. Es ist nämlich nicht immer einfach, sich mit einem neuen Hobby direkt zu Recht zu finden. Es kann schon mal etwas dauern, in dieses neue Hobby rein zu kommen und es zu erlernen. Wenn Sie Herausforderungen lieben, können Sie es sich zum Beispiel zu einem Hobby machen, sich beizubringen, ein neues Instrument zu spielen oder vielleicht sogar eine neue Sprache zu lernen. Oder wie wäre es, wenn Sie eine Sprache, die Sie früher einmal fließend gesprochen haben, inzwischen aber kaum noch sprechen können, wieder auffrischen? Wie bereits erwähnt, vergisst unser Gehirn Gelerntes nie komplett. Somit wird es für Sie nicht allzu schwer sein, sich diese in Vergessenheit geratene Sprache erneut beizubringen.

Egal für welche Freizeitaktivitäten, Hobbies und Gedächtnisübungen Sie sich letztendlich entscheiden: Hauptsache ist, dass Sie sich für welche entscheiden und Ihren Körper, genauso wie Ihren Geist aktiv halten. Denn wenn Sie das tun, werden Sie sich automatisch jünger und gesünder fühlen.

Eine Sache gibt es jedoch, die ich jedem Menschen sehr ans Herz legen kann. Allein schon, wenn Sie diese Sache täglich machen, wird es Ihnen besser gehen. Welche Sache das ist, erfahren Sie im nächsten Kapitel.

DER TÄGLICHE SPAZIERGANG

Vielleicht reicht Ihre Energie einfach nicht aus, um täglich Sport zu machen und sich in Bewegung zu halten. Es gibt dennoch eine Sache, die wirklich so gut wie jeder schaffen kann, egal, wie schlecht er sich fühlt und das ist das Spazieren gehen. Denn beim Spazieren gehen können Sie selber bestimmen wie lang oder kurz, schnell oder langsam Sie das machen. Wenn ich über das Spazieren gehen schreibe, meine ich also nicht, dass Sie täglich fünf Kilometer laufen müssen und das auch noch im schnellen Schritt. Je nach gesundheitlicher Situation kann es schon ausreichen, wenn Sie einmal um den Block oder vielleicht sogar nur ums Haus laufen.

Seien Sie aber ehrlich zu sich selbst. Geht es Ihnen wirklich so schlecht, dass Ihr Körper es Ihnen nicht erlaubt, länger als fünf Minuten raus zu gehen oder drücken Sie sich einfach nur davor, das länger zu tun. Wenn letzteres der Fall ist, dann versuchen Sie, sich auch zu längeren Strecken zu überwinden. Auch wenn es sich im ersten Moment nicht gut anfühlt, glauben Sie mir, Ihr Körper und auch Ihr Geist werden es Ihnen danken. Denn durch das Spazieren gehen betätigen Sie sich nicht nur sportlich und halten sich in Bewegung. Ein guter Spaziergang ist außerdem Balsam für Ihre Seele.

Wenn Sie Spazieren gehen, genießen Sie die frische Luft, die Ihre Gehirnaktivität anregt und die Natur. Sie kommen auch mal aus den sicheren vier

Wänden heraus und begeben sich in eine neue Umgebung. Abwechslung ist sehr wichtig, um nicht irgendwann verrückt zu werden. Sie hören das Zwitschern der Vögel und spüren den Wind auf Ihrer Haut. All diese Faktoren wirken beruhigend und entspannend auf uns und fahren uns ein wenig runter. Bei einem Spaziergang können Sie loslassen und sich frei fühlen. Daher ist er ja so wichtig.

Aus diesen Gründen sollten Sie sich daran gewöhnen, täglich einen Spaziergang zu machen. Damit es Ihnen leichter fällt, diese Gewohnheit auch wirklich zu etablieren, empfiehlt es sich, feste Tageszeiten festzulegen, an denen Sie Ihren Spaziergang machen möchten. Dasselbe gilt übrigens auch für Ihre täglichen sportlichen Übungen. Wenn wir feste Zeiten haben, kommen wir nicht mehr so leicht in Versuchung, etwas auf später zu verschieben, weil wir wissen, dass wir uns vorgenommen haben, es jetzt und nicht später zu machen.

Damit Ihnen der Spaziergang attraktiver erscheint, könnten Sie Ihn zum Beispiel abends platzieren, wenn die Sonne untergeht. Bei einem schönen Sonnenuntergang macht ein Spaziergang doch gleich noch viel mehr Spaß.

Der 10-Wochen-Umstellungsplan

Es gab für Sie nun sehr viele Neuerungen und Tipps, wie Sie Ihren Alltag auf eine gesündere Lebensweise umstellen können. Angefangen bei der Ernährungsumstellung, bis hin zur Einbringung einer sportlichen Aktivität in Ihr Leben und weiteren Methoden, um Ihren Körper sowie Ihren Geist aktiv zu halten. Bei so vielen Neuerungen kann es schon mal schwierig sein, diese alle auf einmal umzusetzen. Doch das müssen Sie gar nicht. Von heute auf morgen klappt meistens sowieso schon mal nichts. Wenn wir etwas ganz plötzlich drastisch verändern, ist es sehr wahrscheinlich, dass wir diese Veränderung nicht lange durchhalten und wieder in unsere alten Muster verfallen. Da eine Veränderung Zeit braucht, ist es daher viel sinnvoller, sein Leben Schritt für Schritt umzustellen und sich langsam an die einzelnen empfohlenen Punkte heranzutasten.

Aus diesem Grund haben wir für Sie einen 10-Wochen-Plan erstellt, der Sie vom ersten bis zum letzten Tag bei Ihrer Lebensumstellung für ein langsameres Altern begleiten soll. Dieser Plan dient jedoch nur als Richtlinie, die Sie als Hilfe nutzen können, aber nicht müssen. Jeder Mensch ist individuell und bei jedem funktioniert Veränderung anders. Vielleicht werden Sie ja fünfzehn anstatt zehn Wochen benötigen, um Ihr Leben umzustellen, vielleicht aber auch nur fünf. Orientieren Sie sich also grob an unserem Umstellungsplan, aber hören Sie dabei auf sich und Ihren Körper und machen Sie das, was Sie für richtig halten, in dem Tempo, das Ihnen am meisten zusagt.

WOCHE 1 UND 2

Sie wissen ja bereits, dass Sie Ihren Körper erst mal von alten Schadstoffen befreien sollten, bevor Sie sich neue, gesunde und energieliefernde Lebensmittel zuführen. Und diese Entgiftung funktioniert am besten durch eine Fastenkur.

Für die Fastenkur haben wir in dem Fall zwei Wochen mit einberechnet. Sie können jedoch natürlich auch länger oder kürzer fasten. Ob Sie sich dabei für die klassische Fastenkur entscheiden, oder doch lieber das Intervallfasten wählen, bleibt dabei Ihnen überlassen.

In diesen ersten zwei Wochen des Fastens wird sich Ihr Körper relativ schwach fühlen, da er allerhand mit der Entgiftung zu tun haben wird und somit sehr viel Energie aufbringen werden muss. Da er in dieser Zeit keine neue Nahrung aufnehmen wird, wird es ihn umso mehr Kräfte kosten, sich von alten Schadstoffen zu befreien. Deswegen sollten Sie Ihren Körper dabei unterstützen, indem Sie in diesen zwei Wochen Aktivitäten, die sehr viel Energie kosten, so gut es geht meiden.

Wenn Sie noch arbeiten, ist es sinnvoll, das Fasten in Ihren Urlaub zu verlegen und nicht während der Arbeitszeit zu machen. Ihre volle Konzentration wird auf das Entgiften gerichtet sein und somit wird es Ihnen schwer fallen, sich bei der Arbeit zu konzentrieren. Auch wenn Ihre Arbeit nicht viel Konzentration erfordert, sondern hauptsächlich aus körperlicher Arbeit besteht, sollten Sie dieser in der Fastenzeit nicht nachgehen. Ihr Körper wird nämlich viel zu schwach sein, um die gleichen Leistungen erbringen zu können wie normalerweise. Das wird nicht nur schlecht beim Chef ankommen, sondern Sie auch selber sehr belasten und ist daher ungesund. Sorgen Sie also dafür, dann zu fasten, wenn Sie sich ausschließlich darauf konzentrieren können und zu dem Zeitpunkt für nichts anderes gebraucht werden.

Machen Sie sich auch erst mal keine Gedanken darüber, wie es weiter geht und was Ihr nächster Schritt nach dem Fasten sein wird. Planen Sie diesen nächsten Schritt am besten schon im Vorfeld, damit Sie gut darauf vorbereitet sind, wenn sich das Fasten dem Ende zuneigt und Sie nun eine neue Ernährungsweise antreten werden.

WOCHE 3 UND 4

Nach der Fastenkur starten Sie mit der Reverse-Aging-Diät in die dritte Woche und ziehen die Diät zwei Wochen lang durch. Wie bereits erwähnt, sollten Sie sich bereits im Vorfeld Gedanken darüber machen, wie Sie sich nach dem Fasten ernähren werden. Schreiben Sie sich also die wichtigsten Punkte der Reverse-Aging-Diät auf und gehen Sie diese vor dem Beenden der Fastenkur noch einmal durch. Führen Sie sich vor Augen, worauf Sie am meisten achten müssen und erstellen Sie sich einen Plan.

Schreiben Sie sich auf, welche Lebensmittel Sie bei dieser Diät essen dürfen und auf welche Sie besser verzichten sollten. Erstellen Sie dementsprechend eine Einkaufsliste und am besten auch eine Liste mit verschiedenen Gerichten, die Sie während der Diät kochen werden. Wenn Sie es ganz genau haben möchten, können Sie sich sogar aufschreiben, an welchem Tag Sie welches Gericht zu welcher Uhrzeit zubereiten möchten. Das verschafft Ihnen mehr Übersicht und kann Ihnen während der Diät sehr behilflich sein. Vor allem, da es bei der Reverse-Aging-Diät ja tatsächlich wichtig ist, welche Lebensmittel Sie wann konsumieren. Da Sie zum Beispiel darauf achten müssen, Kohlenhydrate nur abends zu sich zu nehmen, kann ein Gerichte-Plan schon sehr hilfreich sein.

Wenn Sie Ihre ganzen Pläne erstellt haben, dann gehen Sie einige Tage vor Ende der Fastenkur einkaufen, damit alles bereit ist, wenn Sie mit der Reverse-Aging-Diät beginnen.

Schauen Sie sich auch nach verschiedenen Sportübungen um, die Sie während der Diät machen könnten. Auch hier ist es besser, sich schon im Vorfeld Gedanken darüber zu machen, anstatt erst, wenn es dann so weit ist. Sie werden schon genug damit zu tun haben, sich um Ihre Ernährungsumstellung zu kümmern, da müssen Sie sich nicht noch extra Arbeit aufzwingen, in dem Sie während der Diät noch schnell nach irgendwelchen Übungen suchen müssen.

Wie Sie sehen, ist Vorbereitung das A und O für eine erfolgreiche Ernährungsumstellung ohne Stress und Druck. Wenn Sie sich also gut darum kümmern, werden Ihnen die Umstellung und die Diät schon mal um einiges leichter fallen.

WOCHE 5

Bis jetzt hatten Sie strenge Vorgaben, an die Sie sich halten konnten. Während des Fastens durften Sie sowieso nichts essen, sondern nur Säfte und Wasser trinken und während der Reverse-Aging-Diät gab es ebenfalls klare Vorgaben von dem, was Sie essen dürfen und was nicht. Sie hatten einen genauen Lebensmittelplan und vielleicht sogar noch dazu einen Gerichte-Plan. Nachdem die Diät nun vorbei ist, gibt es keine konkreten Vorgaben, an die Sie sich halten müssen. Sie sind frei und können Ihre Ernährung und somit auch Ihre Gerichte individuell gestalten. Einerseits ist das ja schön und gut, dass Sie nun so frei sind, andererseits stellt das wiederum eine neue Herausforderung dar. Doch was wäre das Leben ohne Herausforderungen?

Von nun an müssen Sie darauf achten, sich gesund zu ernähren und auf Lebensmittel, die den Alterungsprozess beschleunigen, zu verzichten. Da es wirklich schwierig sein kann, beide Faktoren auf einmal umzusetzen, sollten Sie erst einmal mit einer Sache beginnen. Denn sonst überfordern Sie sich nur selbst und werden schnell keine Lust mehr auf eine gesunde Ernährung haben, weil Sie denken werden, dass es schwer ist, eine gesunde Ernährung einzuhalten. Dabei ist es gar nicht so schwer, wenn man die Sache langsam angeht.

Bevor Sie sich also damit stressen, darauf zu achten, welche Lebensmittel besonders gut und welche besonders schlecht sind, versuchen Sie, sich erst mal nur auf die besonders schlechten zu fokussieren. Denn es ist vorerst wichtiger, dass Sie alles, was besonders schlecht ist, aus Ihrem Ernährungsplan streichen und sich meinetwegen erst mal nur neutral, anstatt besonders gesund ernähren. Eher kontraproduktiv ist es hingegen, sich zuerst auf die besonders guten Lebensmittel zu fokussieren und dabei nicht darauf zu achten, die besonders schlechten wegzulassen, die den größten Schaden anrichten. Außerdem ist die Liste der besonders schlechten Lebensmittel kürzer, als die Liste der besonders guten. Daher ist es leichter, erst mal auf die paar schlechten Lebensmittel zu verzichten, als die vielen guten in seinen Ernährungsplan zu integrieren.

Schauen Sie sich also einmal die Liste der Lebensmittel, die generell schlecht für den Körper sind an und dann noch die Liste der Lebensmittel, die den Alterungsprozess beschleunigen. Schreiben Sie sich diese Lebensmittel auf einen Zettel und hängen Sie diesen am besten in die Küche, da wo Sie ihn immer gut sehen können. Dadurch, dass Sie mehrmals am Tag an dieser Liste vorbeilaufen werden, werden Sie sich diese unterbewusst einprägen und sich merken, worauf Sie von nun an bei jedem Einkauf verzichten sollten.

WOCHE 6

In der letzten Woche haben Sie darauf geachtet, schädliche und den Alterungsprozess beschleunigende Lebensmittel zu vermeiden. Ansonsten haben Sie sich ganz normal so ernährt wie immer. In dieser Woche geht es darum, nicht nur die schlechten Lebensmittel wegzulassen, sondern nebenher auch noch die guten in den Ernährungsplan mit einzubauen. Diese Herausforderung wird ein wenig schwieriger sein, als einfach nur auf die schlechten Lebensmittel zu verzichten. Das liegt erstens daran, dass Sie jetzt auf zwei Dinge gleichzeitig achten müssen und zweitens daran, dass die Liste der Lebensmittel, die generell gesund für den Menschen sind und die Liste der Lebensmittel, die den

Alterungsprozess verlangsamen, beide länger sind, als die Listen der ungesunden Lebensmittel.

Sie müssen also auf einiges mehr achten, als in der vergangenen Woche. Damit Sie dabei nicht den Überblick verlieren, hilft es auch diesmal, sich eine Liste zu schreiben. Schreiben Sie alle Lebensmittel auf, die Sie von nun an häufiger konsumieren sollten und hängen Sie die Liste neben den Zettel mit den ungesunden Lebensmitteln. Vergessen Sie nicht, beide Zettel zu beherzigen, wenn Sie Ihre wöchentliche Einkaufsliste schreiben.

Genauso wie in der Zeit der Reverse-Aging-Diät, kann es auch jetzt sehr hilfreich sein, sich eine weitere Liste zu erstellen, und zwar eine mit verschiedenen Gerichten, in die sich die besagten gesunden Zutaten integrieren lassen. Dabei müssen das nicht unbedingt irgendwelche neuen, komplizierten und aufwendigen Gerichte sein, für die Sie stundenlang in der Küche stehen müssen. Schauen Sie sich die Liste der gesunden Lebensmittel noch mal an und überlegen Sie, welche Alltagsgerichte, die Sie sonst auch gerne essen, sich daraus zaubern lassen können. Um mehr gesunde und den Alterungsprozess verlangsamende Lebensmittel in dem jeweiligen

Gericht unterzubringen, können Sie dieses ja ein wenig abändern. So schaffen Sie etwas Abwechslung in Ihre Ernährung und ernähren sich noch gesünder als zuvor. Lassen Sie also Ihrer Kreativität freien Lauf.

Wenn Sie die Lust und die Zeit dafür haben, können Sie natürlich auch ganz neue, aufwendige Rezepte ausprobieren. Gerade wenn Ihnen die Zeit in der Küche sehr viel Freude bereitet, könnte das Kochen und das Ausprobieren neuer, besonderer Rezepte zu einem neuen Hobby werden.

WOCHE 7

Sie haben es nun geschafft, Ihre Ernährung umzustellen und sich so langsam an die neue Ernährungsform zu gewöhnen. Sie sind nun dazu bereit, auch den Sport in Ihren neuen Lebensstil zu integrieren. Doch auch hier gilt, dass Sie sich langsam vorantasten sollten und der Umstellung etwas Zeit lassen. Gerade beim Thema Sport ist das im höheren Alter noch wichtiger, als beim Thema Ernährung. Wer lange nicht mehr sportlich aktiv war, der sollte sich nicht in den Sport hineinstürzen, sondern die Sache erst mal vorsichtig und langsam angehen. Sie wollen sich ja schließlich keine Zerrung einholen oder sich im schlimmsten Fall sogar etwas brechen. Also immer mit der Ruhe.

Bevor Sie sich dem richtigen Sport widmen, sollten Sie damit beginnen, Ihren Körper wieder an Bewegung zu gewöhnen. Und welche leichtere, bessere und schonendere Variante gibt es da für den Körper, als das Spazieren?

Planen Sie sich also, wie in dem Kapitel über den täglichen Spaziergang bereits besprochen, täglich eine bestimmte Zeit zum Spazieren gehen ein und ziehen Sie den Spaziergang durch. In dieser Woche sollten Sie das wirklich täglich machen, um den Körper auf den Sport-Modus umzustellen. Wenn Sie dann in der kommenden Woche mit dem richtigen Sport beginnen, sollten Sie das Spazieren gehen jedoch nicht fallen lassen, sondern weiterhin fortsetzen.

Falls Ihnen das täglich erst mal zu viel sein sollte, dann legen Sie nicht nur eine bestimmte Zeit zum Spazieren gehen fest, sondern auch bestimmte Tage. Nehmen Sie sich beispielsweise vor, jeden Montag, Mittwoch und Samstag von 16 Uhr bis 17 Uhr spazieren zu gehen. Wenn Sie sich an das

Spazieren gehen gewöhnt haben, wird es Sie nicht mehr so viel Überwindung kosten. Vielleicht werden Sie ja sogar Spaß daran finden. Wenn Sie an diesem Punkt angekommen sind, dann können Sie sich vornehmen, öfter spazieren zu gehen.

Wichtig ist aber erst mal, dass Sie es schaffen, die erste Woche des Spazierengehens durchzuziehen. Wie regelmäßig Sie nach dieser Woche noch Spazieren gehen, müssen Sie mit sich selber ausmachen. Hauptsache, es passiert regelmäßig und gerät nicht in Vergessenheit.

WOCHE 8

Sie haben Ihren Körper nun eine Woche lang wieder an Bewegung gewöhnt. Nun können Sie damit beginnen, diese Vorlage dafür zu nutzen, richtigen Sport zu machen. Die Frage ist jetzt nur noch, welchen Sport? Sie können jetzt schließlich nicht mit irgendeinem Sport beginnen, den Sie vielleicht noch gar nicht kennen und nicht wissen, ob er Ihnen gefallen wird oder nicht. Deswegen dient die achte Woche dazu, herauszufinden, welcher Sport Ihnen liegt und wirklich Spaß macht. Sie ist dazu da, sich auszuprobieren und verschiedene Sportarten zu wagen. Sie müssen sich nicht sofort auf eine Sportart festlegen. Wie soll das auch gehen, bei der riesigen Auswahl, die es gibt.

Suchen Sie sich zum Beispiel sieben verschiedene Sportarten heraus, die Sie ansprechen und die in Ihrem Alter nicht gefährlich werden könnten. Probieren Sie in dieser Woche jeden Tag eine andere Sportart aus und notieren Sie sich, welche Ihnen gefallen hat und welche überhaupt nicht. Sie können sich natürlich auch nur drei Sportarten heraussuchen, die Sie am meisten ansprechen und Ihre ganze achte Woche nur diesen widmen. Es ist meistens nämlich nicht leicht, sofort sagen zu können, welche Sportart man gut findet und welche einem überhaupt nicht zusagt. Wenn Sie also jemand sind, der etwas mehr Zeit benötigt, um sagen zu können, ob ihm etwas gefällt oder nicht, dann wird es Sie wahrscheinlich überfordern, jeden einzelnen Tag etwas Neues auszuprobieren und dann direkt sagen zu müssen, ob Sie es mögen oder nicht.

Wenn Sie sich die erste Variante wählen, dann müssen Sie sich ja trotzdem nicht direkt für eine Sportart von den sieben entscheiden. Sie können sich auch erst mal drei Favoriten heraussuchen und sich eine weitere Woche Zeit nehmen, um sich diese drei Favoriten noch mal genauer anzusehen.

So oder so: Lassen Sie sich Zeit bei der Wahl der richtigen Sportart. Wir haben die Zeit der Auswahl in diesem Beispiel zwar auf eine Woche beschränkt, Sie können diese eine Woche aber natürlich auch auf einen Monat hinausdehnen. Wichtig ist nur, dass Sie zum Schluss eine Sportart gefunden haben, die Ihnen zusagt und auf die Sie richtig Lust haben. Wenn Sie bis jetzt immer der Meinung waren, dass Sie einfach kein Mensch sind, der Sport liebt, dann haben Sie einfach noch nicht die richtige Sportart für sich entdeckt. Zu jedem Menschen passt eine bestimmte Sportart, die ihn erfüllt und ihm Freude bereitet. Es ist nicht leicht herauszufinden, welche Sportart das ist, aber es ist sehr wichtig. Denn was bringt es einem, sich zum Sport zu zwingen, obwohl dieser einem überhaupt keinen Spaß macht und man danach nur noch unglücklicher ist, als davor?

Hetzen Sie sich also nicht und nehmen Sie sich die Zeit, eine Sportart zu finden, die Ihnen Spaß machen und Ihr Leben bereichern wird.

Sobald Sie die verschiedensten Sportarten einmal ausprobiert und sich für eine entschieden haben, können Sie endlich damit beginnen, diese auch regelmäßig auszuüben. Die Betonung liegt dabei auf „regelmäßig", da es wichtig ist, am Ball zu bleiben und nicht aufzugeben. Aber wenn Sie sich sowieso in einem Bereich sportlich betätigen, der Ihnen Freude bereitet, wird das wahrscheinlich kein so großes Problem für Sie darstellen.

Trotzdem passiert es immer wieder mal, dass wir selbst Dinge, die wir eigentlich gerne machen, vor uns her schieben, weil wir noch so viele andere Sachen erledigen müssen und gar nicht dazu kommen, uns unserem Hobby zu widmen. Unsere To-Do-Liste scheint ewig zu sein und wird zu unserer Priorität. Bevor wir etwas machen, was uns Spaß macht, wollen wir erst mal diese Liste abarbeiten. Der Trick hierbei ist, seine Hobbies und somit auch den Sport, ebenfalls auf die To-Do-Liste zu setzen. Wenn wir Sport nicht als etwas betrachten, dass wir ja irgendwann noch machen können, wenn wir die Zeit dafür finden, sondern machen müssen, weil es auf unserer To-Do-Liste steht, dann werden wir das auch sehr wahrscheinlich tun. Denn wir fühlen uns meistens schlecht, wenn wir etwas, das wir uns vorgenommen haben, nicht erfüllen. Nichts ist schöner, als das Abhaken der einzelnen Punkte auf einer To-Do-Liste. Dadurch bekommen wir nämlich das Gefühl, etwas Wichtiges erledigt zu haben.

Daher gehört der Punkt „Sport" auf jeden Fall auf diese To-Do-Liste. Denn Sport ist nicht nur eine Freizeitbeschäftigung, er ist auch tatsächlich genauso wichtig wie die anderen Punkte auf der Liste, wenn nicht sogar wichtiger. Denn Sport sorgt dafür, dass wir lange fit und gesund bleiben. Er lässt uns jünger werden. Und was nützt es uns, unsere ganzen Aufgaben zu erledigen, wenn wir uns schlecht fühlen und das Gefühl bekommen, dass wir sowieso nicht mehr lange leben. Für wen soll die Erledigung dieser Aufgaben denn dann noch gut sein?

Ausreichend Sport und eine gesunde Ernährung sollten daher immer die höchste Priorität für Sie sein. Denn wenn Sie sich gehen lassen und krank, zerbrechlich und alt werden, dann verliert auch alles andere seinen Sinn. Daher sollten Sie sich vornehmen, regelmäßig Sport zu treiben. Auch diesmal gilt, genauso wie beim Spazieren gehen, dass Sie nicht direkt damit beginnen müssen, wirklich täglich Sport zu machen. Für den Anfang reichen zwei bis drei Male die Woche vollkommen aus. Später können Sie das ja immer noch steigern. Nehmen Sie sich am besten auch beim Sport feste Zeiten vor, an denen Sie sportlich aktiv sein wollen. So wird es Ihnen noch leichter fallen, den Sport nicht vor sich herzuschieben, sondern auch wirklich zu machen. Sie werden merken, dass Sie sich nach und nach an den regelmäßigen Sport gewöhnen werden. Irgendwann werden Sie sich nicht mehr daran erinnern müssen, Sport zu treiben, sondern es einfach intuitiv machen.

WOCHE 10

Sie haben es fast geschafft. Sie sind nun bei der zehnten und letzten Woche Ihrer Lebensumstellung angekommen. Ihnen fehlt nur noch ein Schritt. Dann können Sie mit der Umstellung abschließen. Sie haben es geschafft, Ihren Körper zu entgiften, Ihre Ernährung umzustellen und sind jetzt auch noch regelmäßig sportlich aktiv. Doch ein Punkt fehlt noch, damit Sie sich noch jünger und glücklicher fühlen. Und zwar das richtige Gestalten Ihrer Freizeit. Denn wie ich ja bereits erwähnt habe, reicht es nicht aus, sich ein paar Stunden Zeit am Tag zu nehmen, die man mit einer gesunden Ernährung und ausreichen Sport füllt, wenn man den Rest des Tages nichts tut. Das wird Sie nur wieder runterziehen, glauben Sie mir. Und Irgendwann werden Sie auch Ihre gesunde Ernährung und den Sport vernachlässigen, weil sie denken werden, dass das ja gar nichts bringt und Sie sich immer noch alt und wertlos fühlen.

Dabei liegt das nicht an der Ernährung oder dem Sport, sondern daran, wie Sie Ihre restliche Zeit gestalten. Also machen Sie das Beste daraus. Wenn Sie sich jung fühlen wollen, dann verhalten Sie sich so, als wären Sie es noch. Gehen Sie aus, machen Sie

Ausflüge und Spieleabende mit Ihren Freunden. Verreisen Sie und veranstalten Sie Karaoke-Abende mit Ihrer Familie. Machen Sie alles Mögliche. Vergessen Sie dabei jedoch nicht, dass Sie sich zwar so verhalten können, wie in jungen Jahren, jedoch trotzdem mehr auf sich aufpassen sollten, als früher. Denn Fakt ist, dass Ihr Körper nicht mehr der alte ist und daher auch viel zerbrechlicher. Das Rangeln mit Ihren Kumpels oder die Tanznacht mit Ihren Mädels, sollten Sie also langsamer und vorsichtiger angehen, als früher. Das bedeutet nicht, dass Sie darauf verzichten müssen. Sie sollten einfach nur mehr auf sich Acht geben.

Bleiben Sie also immer aktiv und suchen Sie sich genug Beschäftigungen und neue Hobbies. Die zehnte Umstellungswoche können Sie dazu nutzen, diese zu finden, um sie danach erfolgreich umsetzen zu können. Also ziehen Sie sich nicht mit Gedanken runter wie: „Mein Leben ist doch sowieso schon vorbei, was soll ich schon noch machen?" Sie können noch sehr viel machen. Denn wir sind ja bekanntlich nur so alt wie wir uns fühlen. Und wenn Sie dafür sorgen, dass Sie sich jung fühlen, werden Sie Ihr Leben in vollen Zügen genießen können, genauso wie früher.

SEIEN SIE NICHT SO STRENG MIT SICH SELBST

Hiermit möchte ich noch mal betonen, dass die Umstellung auf ein gesundes Leben, das Ihren Alterungsprozess verlangsamen soll, kein Wettbewerb ist. Es geht nicht darum, so schnell wie nur irgend möglich, sein Leben komplett auf den Kopf zu stellen. Also versuchen Sie das auch nicht. Lassen Sie sich so viel Zeit, wie Sie eben für so eine große Umstellung benötigen. Denn Veränderung braucht immer Zeit, dagegen können Sie nichts machen. Wenn Sie versuchen werden, diese Veränderung herbeizuzwingen, werden Sie sehr wahrscheinlich scheitern.

Der Mensch ist ein Gewohnheitstier. Wenn Sie von heute auf morgen alles komplett verändern, reißen Sie sich selber den Boden unter Ihren Füßen weg. Denn unsere Gewohnheiten und unser Alltag sind das, was unserem Leben einen Halt gibt. Wenn diese Gewohnheiten auf einmal alle wegfallen und sich unser Alltag drastisch verändert, dann fühlen wir uns verloren und können so nicht glücklich werden. Tasten wir uns hingegen vorsichtig an etwas Neues heran, werden wir neugierig und wollen mehr davon sehen. So macht Veränderung Spaß und so sollte sie auch vonstattengehen. Seien Sie also nicht so streng mit sich selbst und zwingen Sie sich zu nichts, wofür Sie noch nicht bereit sind.

Ein weiterer, wichtiger Punkt, der bei jeder Veränderung und generell immer wieder in unserem Leben auftritt, sind Fehler. Es ist vollkommen normal, Fehler zu machen. Darüber sollten Sie sich im Klaren werden. Akzeptieren Sie diese Tatsache, anstatt sie zu verteufeln. Es ist ganz klar, dass wir gerade bei einer großen Veränderung Fehler machen werden. Der Körper muss sich erst mal an die Umstellung gewöhnen und das funktioniert nicht immer ganz so reibungsvoll. Es ist also sehr wahrscheinlich, dass Sie, nachdem Sie alle ungesunden Lebensmittel aus Ihrem Ernährungsplan gestrichen haben, plötzlich Heißhunger auf einen fettigen Burger bekommen werden. Oder Sie lassen einen Tag lang den Sport komplett ausfallen. Das wird bestimmt passieren, weil der Körper noch an ungesundes Essen und sportfreie Tage gewöhnt ist und Sie deswegen leicht wieder in alte Muster zurückfallen können.

Werden Sie nicht wütend auf sich selber, wenn Ihnen solche „Fehler" unterlaufen. Wenn Sie sich im Großen und Ganzen gesund ernähren und sich oft genug sportlich betätigen, dann wird der eine Burger, das süße Kuchenstück oder der sportfreie Tag hin und wieder, keinen Einfluss auf Ihr Allgemeinwohl haben. Genauso wird jemand, der sich nur von Fastfood ernährt, nicht plötzlich gesund sein und abnehmen, wenn er die Pizza ausnahmsweise einmal durch Salat ersetzt.

Machen Sie sich also keinen Kopf um solche Aussetzer. Im Gegenteil: Erlauben Sie sich auch mal etwas Ungesundes zu essen oder auch mal faul zu sein. Denn solche Tage gehören auch zum Leben dazu und werden Ihrer Gesundheit nicht schaden, wenn sie selten vorkommen. Sehen Sie das lieber folgender Maßen: Der Lebensstil, den Sie früher tagtäglich gelebt haben, ist inzwischen zu einer Ausnahme geworden. Und wenn Sie sich mal etwas Ungesundes gönnen und dabei die Füße hochlegen, dann schätzen Sie dieses Essen und den sportfreien Tag viel mehr wert, während beides früher noch selbstverständlich für Sie war.

Führen Sie sich also vor Augen, dass eine

Umstellung erstens Zeit braucht und zweitens, dass Fehler etwas ganz Normales sind, was Sie nicht verteufeln, sondern so hinnehmen sollten, wie es ist.

10 Tipps zum jung bleiben

Sie haben es geschafft! Sie haben Ihren Lebensstil verändert und leben von nun an gesünder. Sie fühlen sich fitter und vor allem jünger. Sie müssen keine Angst mehr vor dem Altern haben, da Sie mit Ihrem jetzigen Lebensstil noch weit davon entfernt sind, sich selber als „alt" zu betiteln.

Es gibt natürlich immer etwas, das man noch besser machen könnte, als man es im Moment vielleicht tut. Klar sollte man sich nicht damit verrückt machen, denn perfekt werden wir sowieso niemals sein können. Es wird nie genug sein und es wird immer etwas geben, was wir noch verbessern können. Stattdessen sollten wir lieber unser Leben genießen und stolz auf das sein, was wir schon erreicht haben. Und das sollten Sie auch tun. Seien Sie stolz auf die große Lebensumstellung, die Sie gemeistert haben, um auch noch im Alter ein erfülltes, glückliches und gesundes Leben führen zu können.

Wie gesagt können wir immer etwas verbessern, müssen es jedoch nicht. Vielleicht haben Sie sich durch die Umstellung aber bereits so sehr daran gewöhnt, ständig eine neue Herausforderung zu haben, die Sie bewältigen wollen, dass Sie es jetzt schade finden, dass die Herausforderungen nun vorbei sein sollen.

Für den Fall, dass sie also Lust auf weitere Herausforderungen haben und sich schon darauf freuen, noch mehr Methoden auszuprobieren, die Sie jung und gesund halten können, dann haben wir jetzt zehn Dinge für Sie, die Sie machen sollten, um dem Alterungsprozess entgegenzuwirken. Vielleicht finden Sie darunter auch einige Sachen, die Ihnen zusagen und die Sie gerne ausprobieren würden.

TIPP 1: MEDITIEREN

Wie Sie ja bereits wissen, ist die Stressvermeidung ein wichtiger Faktor, wenn es darum geht, den Alterungsprozess zu verlangsamen. Je stressiger Ihr Alltag ist und je gereizter Sie auf verschiedene Situationen reagieren, desto schneller altern Sie. Auch giftige Gedanken, die uns abends nicht einschlafen lassen, setzen uns sehr stark unter Stress. Wir denken ständig daran, was wir noch alles erledigen müssen, welchen Konflikt wir mit wem besprechen müssen und welche Rechnung wir immer noch nicht bezahlt haben. Der dadurch entstehende Schlafmangel ist ebenfalls nicht gesund und lässt uns schneller altern.

Daher ist es wichtig, etwas gegen dieses Gedankenkarussell zu unternehmen. Denn es hat nicht nur einen Einfluss auf das Altern, sondern auch auf unsere Psyche. Ein Leben, das ständig von negativen Gedanken geplagt wird, ist kein schönes Leben, sondern ein anstrengendes und belastendes.

Eine sehr effektive Methode, um gegen die unzähligen, ungesunden Gedanken anzukämpfen, ist das Meditieren. Durch das Meditieren lernen Sie nicht nur, dass es auch mal in Ordnung ist, seinen Gedanken freien Lauf zu lassen, sondern auch, wie Sie

Ihre Gedanken kontrollieren und ins Positive lenken können.

Je nachdem, wann Ihre toxischen Gedanken am schlimmsten sind und Sie am meisten belasten, suchen Sie sich einen passenden Zeitpunkt zum Meditieren aus. Wenn Sie nach dem Aufstehen von Ihren Gedankengängen geplagt werden, dann meditieren Sie gleich nach dem Aufstehen. Wenn Sie Ihre Gedanken hingegen nachts nicht in Ruhe schlafen lassen, dann sollten Sie die Meditation kurz vor das Schlafen gehen verlegen.

Setzen Sie sich zum Meditieren bequem hin und betrachten Sie ganz bewusst Ihre Umgebung. Nehmen Sie die verschiedenen Farben und die Geräusche, die Sie umgeben, wahr und fokussieren Sie sich darauf. Wenn Sie der Meinung sind, dass Sie das ausreichend gemacht haben, dann atmen Sie ein paar Mal tief durch die Nase ein und durch den Mund aus und schließen Sie dabei langsam Ihre Augen. Konzentrieren Sie sich auf Ihre Atemzüge und beginnen Sie damit, wieder normal zu atmen. Schenken Sie Ihre Aufmerksamkeit weiterhin Ihrer Atmung. Wenn Ihnen das schwer fällt, können Sie Ihre Atemzüge auch zählen. Dadurch vereinfachen Sie es sich, den Fokus auf Ihren Atem zu richten. Sobald Sie merken, dass Ihre Gedanken doch langsam abschweifen, kehren Sie langsam wieder zurück zu Ihrer Atmung.

Anfangs können Sie erst mal damit beginnen, täglich etwa fünf Minuten zu meditieren. Wenn Sie so langsam in die Welt der Meditation reinkommen, können Sie die fünf Minuten immer wieder in Abständen von fünf Minuten steigern. Aber am besten ist es natürlich, so lange zu meditieren, wie es sich gerade für Sie am besten anfühlt. Sie sollten die Meditation schließlich ja auch nicht unterbrechen, um auf die Uhr zu schauen und zu überprüfen, ob Sie die zehn oder zwanzig Minuten Meditation schon erreicht haben.

Sobald Sie das Gefühl haben, dass Sie genug meditiert haben, lassen Sie den Fokus von Ihrem Atem los und lassen Sie Ihren Gedanken für einen Moment lang freien Lauf. Zum Schluss richten Sie Ihren Fokus erneut auf Ihre Atmung, dann auf Ihren Körper und zu guter Letzt auf Ihre Umgebung. Danach öffnen Sie die Augen und strecken sich. Nehmen Sie sich einen kurzen Moment Zeit, bevor Sie aufstehen und wieder zu Ihrem Alltag zurückkehren.

Wenn Sie täglich meditieren, werden Sie schon

nach kurzer Zeit merken, dass Sie viel gelassener und stressfreier sein werden und Ihre früheren Gedanken Sie nicht mehr durchgehend plagen werden.

TIPP 2: TAGEBUCH SCHREIBEN

Auch Tagebuch schreiben kann Ihnen dabei helfen, Ihre Gedanken zu verarbeiten und ungesunde Gedanken loszuwerden. Wenn wir an irgendetwas denken, können wir diesen Gedanken oft nicht einfach so loslassen, weil wir das Gefühl haben, ihn auf keinen Fall vergessen zu dürfen. Vor allem, wenn es sich tatsächlich um etwas Wichtiges handelt, können wir nicht einfach so aufhören, daran zu denken. Daher kann es Wunder bewirken, alle belastenden Gedanken einfach mal niederzuschreiben. Kaufen Sie sich ein schönes Notizbuch, das Ihnen gefällt. Denn je attraktiver das Buch auf Sie wirkt, desto mehr Lust bekommen Sie, da rein zu schreiben. Wenn Sie hingegen ein altes graues Notizbuch verwenden, das schon seit Jahren in der hintersten Ecke Ihres Schreibtisches liegt, dann wird es auch schon bald wieder in diese hinterste Ecke verschwinden, da Sie es nicht ansprechend finden werden, in so ein Buch zu schreiben.

Der Kauf eines schönen Notizbuchs ist also sehr wichtig. Also zögern Sie nicht und tätigen Sie diese kleine Investition. Wenn Sie das gemacht haben, können Sie damit beginnen, Tagebuch zu führen. Und damit meine ich nicht das klassische Tagebuch, das wir alle noch aus unserer Kindheit kennen, bei dem wir einfach nur stumpf alles niedergeschrieben haben, was wir den Tag über erlebt haben. Ich spreche davon, alle Gefühle und Gedanken aufzuschreiben. Dabei muss das Geschriebene weder Struktur, noch einen roten Faden haben. Hauptsache, Sie werden einfach mal alles los, was Ihnen auf der Seele liegt.

Vielleicht haben Sie ja immer noch toxische Gedanken, was Ihren Alterungsprozess betrifft. Vielleicht trauern Sie immer noch Ihrer Jugend nach und wollen die Zeit zurückdrehen. Das Tagebuch schreiben kann ihnen also auch dabei helfen, das Älterwerden zu verarbeiten und sich dadurch besser zu fühlen.

Gerade wenn Sie eventuell nicht mehr so viele Menschen um sich herum haben, denen Sie Ihre Sorgen anvertrauen können, kann sich ein Tagebuch als guter Zuhörer und Seelenklempner herausstellen. Natürlich ersetzt ein Tagebuch auf keinen Fall den Kontakt zu echten Menschen, kann Ihnen aber trotzdem sehr behilflich sein. Also zögern Sie nicht und kaufen Sie sich ein neues Tagebuch. Schreiben Sie alles auf, was Sie beschäftigt und belastet und Sie werden sehen, dass es Ihnen dadurch besser gehen wird.

TIPP 3: AUFHÖREN ZU RAUCHEN

Sie treiben regelmäßig Sport und Sie ernähren sich gesund. Doch da ist noch diese eine Sache, die Sie einfach nicht lassen können, und zwar das Rauchen. Vielleicht rauchen Sie ja gar nicht, dann ist natürlich sowieso alles gut. Wenn Sie jedoch leidenschaftlicher Raucher sind, dann sollten Sie diese Leidenschaft besser noch einmal überdenken.

Ab und an mal eine Genusszigarette zu rauchen, stellt natürlich kein Problem dar. Denn genauso wie einen fettigen Burger oder einen sportfreien Tag, kann man sich auch mal eine Zigarette erlauben. Wenn es aber nicht bei einer Zigarette ab und an mal bleibt, sondern zu einer Sucht ausartet, dann sollten Sie dieser Sucht entgegenwirken. Denn egal wie gesund Sie sich ernähren und wie viel Sport sie auch treiben, durch einen zu hohen Zigarettenkonsum machen Sie sich den gesunden Lebensstil wieder kaputt und riskieren es, beispielsweise an Krebs zu erkranken oder früher zu sterben.

Versuchen Sie also, aufzuhören zu rauchen. Das ist natürlich leichter gesagt als getan. Mit einer Sucht kann man nicht einfach so aufhören. Auch hier hat sich der Körper an etwas gewöhnt, das er nicht einfach so wieder beenden kann. Da es ja schon Zeit erfordert, normale Gewohnheiten zu ändern, wird es nochmal länger dauern, eine Gewohnheit abzulegen, die gleichzeitig auch noch eine Sucht ist. Deswegen ist es umso wichtiger, sich diese Zeit zu geben und die Veränderung langsam anzugehen. Hören Sie nicht von jetzt auf gleich mit dem Rauchen auf, denn dann werden Sie höchstwahrscheinlich wieder rückfällig. Gehen Sie Schritt für Schritt voran. Reduzieren Sie erst mal Ihren täglichen Konsum nach und nach, bis Sie so weit sind, dass Sie ganze Tage ohne Zigaretten verbringen können. Irgendwann legen Sie sich dann noch einzelne Tage fest, an denen Sie rauchen dürfen, bis auch diese Tage immer seltener werden. Und so schaffen Sie es, nach und nach mit dem Rauchen aufzuhören.

Ein weiterer Tipp, den Sie anwenden können ist, sich statt des Rauchens, eine andere, bessere Gewohnheit anzueignen. Oft ist rauchen nämlich mit irgendeiner anderen Tätigkeit verbunden. Viele rauchen zum Beispiel nach dem Essen eine „Verdauungszigarette". Wenn Sie damit beginnen, das Rauchen zu reduzieren, wird Ihnen so eine Verdauungszigarette fehlen. Nicht, weil Sie sie unbedingt brauchen, sondern weil Sie einfach so daran gewöhnt sind und der Mensch Veränderungen nicht mag.

Überlegen Sie sich also etwas Neues, das Sie nach dem Essen statt des Rauchens machen könnten. Sie könnten sich zum Beispiel genauso wie beim Rauchen auf den Balkon oder ans Fenster stellen und statt zu rauchen, eine Karotte essen oder einen kurzen Eintrag in Ihr Tagebuch schreiben.

Vielen Rauchern fehlt auch die Zigarette, die sie ständig zwischen den Fingern haben. Sie können sich also beispielsweise angewöhnen, immer dann, wenn Sie Lust bekommen eine zu rauchen, einen Stift zwischen die Finger zu nehmen und damit rumzuspielen.

Wie Sie sehen, gibt es verschiedene Dinge, die es

Ihnen erleichtern können, mit dem Rauchen aufzuhören. Wenn Sie diese Dinge anwenden und durchhalten, dann werden auch Sie es schaffen, nach einiger Zeit mit dem Rauchen aufzuhören und somit Ihren Alterungsprozess zu verlangsamen und Ihrer Gesundheit etwas Gutes zu tun.

TIPP 4: AUSREICHEND SCHLAF

Zu einem gesunden Lebensstil gehört auch genügend Schlaf. Sorgend Sie also dafür, dass Sie diesen auch bekommen. Das ist gerade im höheren Alter gar nicht so einfach, da die Schlafstörungen immer weiter zunehmen, je älter man wird. Mithilfe ein paar guter Tipps, lassen sich Schlafstörungen jedoch minimieren und Sie bekommen den Schlaf, den Sie täglich benötigen, um ein gesundes Leben zu führen und langsamer zu altern.

Zwei Tipps für ein besseres Einschlafen, habe ich Ihnen ja bereits genannt. Und zwar zum einen das Meditieren und zum anderen das Tagebuch schreiben. Wenn Sie die Gedanken, die Sie tagtäglich beschäftigen, regelmäßig loslassen können, dann werden Sie nachts auch besser schlafen. Neben der

Meditation gibt es natürlich auch noch weitere entspannungsfördernde Übungen, wie die progressive Muskelentspannung oder das autogene Training. Welche dieser Methoden Ihnen am meisten zusagt, müssen Sie für sich selbst entscheiden.

Ein weiterer Tipp ist, früh aufzustehen. Denn je früher Sie den Tag beginnen, desto früher werden Sie auch wieder müde und desto schneller können Sie abends einschlafen. Generell sollten Sie einen geregelten Plan davon haben, wann Sie aufstehen und wann Sie schlafen gehen. Trainieren Sie sich an, diese bestimmten Zeiten einzuhalten. Wenn Sie konkrete Aufsteh – und Zubettgehzeiten haben, wird es Ihnen automatisch leichter fallen, schneller einzuschlafen.

Auch die Atmosphäre kann sehr stark dazu beitragen, ob Sie gut oder schlecht schlafen können. In einem frischbezogenen Bett und in einem kühlen, gut durchlüfteten Zimmer, schläft es sich auf alle Fälle besser, als in einem unordentlichen, viel zu warmen Zimmer mit alter Bettwäsche.

Neben der Atmosphäre ist es auch entscheidend, wie Sie sich vor dem Schlafen gehen verhalten. Fahren Sie bereits einige Stunden, bevor Sie schlafen gehen, runter. Machen Sie keinen Sport mehr und auch sonst keine Aktivitäten, die Sie wacher und aktiver machen könnten. Meiden Sie außerdem Getränke mit einer wachmachenden Wirkung wie zum Beispiel Schwarztee oder Kaffee und schwere Mahlzeiten.

Sollten Sie trotz dieser ganzen Faktoren, die Sie beachten, dennoch nicht einschlafen können, dann dürfen Sie pflanzlich mit etwas Lavendel – oder Baldriantropfen nachhelfen. Wenn auch das nichts bringt, dann sollten Sie mit Ihrem Hausarzt über Ihre Schlafstörungen reden und sich gegebenenfalls medikamentös behandeln lassen. Hauptsache, Sie bekommen genügend Schlaf in der Nacht.

TIPP 5: DIE GESELLSCHAFT ANDERER

Egal wie oft Sie in Ihr Tagebuch schreiben oder wie oft Sie wandern gehen und verschiedene Ausflüge machen: nichts ersetzt die Gesellschaft anderer Menschen. Der Mensch ist nämlich nicht dafür gedacht, sein Leben alleine zu leben. Je länger Sie also ausschließlich Zeit mit sich selbst verbringen, desto schlechter wird es Ihnen gehen und desto einsamer werden Sie sein. Das soll nicht heißen, dass es schlecht ist, Zeit alleine zu verbringen. Ganz im Gegenteil: Zeit alleine ist sehr wichtig und gesund. Jedoch sollte sie nicht die einzige Art und Weise sein, auf die wir unser Leben verbringen.

Unternehmen Sie also auch mit anderen Leuten etwas und nicht nur mit sich selbst. Besuchen Sie Ihre Familie öfter und verbringen Sie viel Zeit mit Ihren Freunden. Wenn Sie sich in der Position befinden, weder Freunde noch Familie um sich herum zu haben, mit denen Sie Zeit verbringen können, dann suchen Sie sich einfach neue Leute, mit denen Sie etwas unternehmen können. Das ist natürlich mal wieder leichter gesagt, als getan, aber auf keinen Fall unmöglich. Melden Sie sich zum Beispiel für irgendeinen Kurs oder eine neue Sportart an. So gewinnen Sie nicht nur ein neues Hobby, sondern finden auch neue Leute, die noch dazu offensichtlich die gleichen Interessen haben wie Sie und mit denen Sie Zeit verbringen und sich vielleicht sogar anfreunden können.

Wenn Sie schon ausreichend Freizeitaktivitäten haben und kein neues Hobby mehr brauchen, dann können Sie sich zum Beispiel mal in verschiedenen Foren im Internet zu bestimmten Themen umsehen. Auch hier können Sie gezielt nach einem Forum über ein Thema suchen, das Sie sehr interessiert und dadurch auf Leute stoßen, die sich ebenfalls für das gleiche Thema interessieren. Auch hier können natürlich erst mal Treffen und später vielleicht sogar wahre Freundschaften entstehen.

Neben den verschiedensten Foren gibt es auch die verschiedensten Facebook-Gruppen zu allen möglichen Themen, denen Sie beitreten können. Auch hier halten sich unzählige Leute auf, die froh sind, wenn Sie auf Menschen treffen, die genauso denken wie sie und die gleichen Interessen vertreten. Zögern Sie also nicht und treten Sie diesen Gruppen bei, denn auch hier können tolle Freundschaften entstehen.

Sie sehen also, dass es nicht unmöglich ist, neue Freunde zu finden und dass Sie das auf alle Fälle schaffen können. Sie müssen es nur wollen. Denken Sie daran, dass Menschen Gesellschaft benötigen, um glücklich zu sein und dass dauernde Einsamkeit nicht gesund ist und den Alterungsprozess nur beschleunigt. Wenn Sie also weiterhin gesund und glücklich leben wollen, dann suchen Sie sich Leute, mit denen Sie Zeit verbringen und Spaß haben können.

TIPP 6: NATÜRLICHE HEILUNG, STATT MEDIZIN

Je älter man wird, desto mehr Beschwerden bekommt man nun mal. Durch eine gesunde Lebensweise kann man zwar vielen Beschwerden und Krankheiten vorbeugen, aber verhindern kann man nun mal nicht alles. Wenn eine Beschwerde dann eintritt, greifen viele Menschen gerne mal zu Medikamenten. Dabei ist das meistens nicht der beste Weg. Denn auch Medikamente sind schädlich, vor allem, wenn man zu viele davon konsumiert. Wenn Sie regelmäßig zu viele Medikamente einnehmen, machen Sie Ihren Körper nur kaputt und fühlen sich dadurch schlechter und älter. Außerdem bekämpfen Medikamente meist nur das Symptom und nicht die Ursache.

Wenn Sie also beispielsweise von ständigen Bauchschmerzen geplagt werden, sollten Sie sich nicht einfach eine Schmerztablette nach der anderen einwerfen. Dadurch verschwinden die Bauchschmerzen zwar für eine gewisse Zeit, kommen aber genauso schnell wieder und verleiten Sie dazu, erneut eine Schmerztablette zu nehmen. Im schlimmsten Fall entstehen durch die Einnahme zu vieler Medikamente wieder neue Beschwerden, die Sie wiederrum mit anderen Medikamenten versuchen werden, zu bekämpfen. Und so entsteht ein Teufelskreis.

Falls Sie also irgendwelche Beschwerden haben, die Sie tagtäglich belasten, dann sollten Sie erst mal die Ursache für diese Beschwerden herausfinden und versuchen, dieser auf natürliche Weise entgegenzuwirken. Im Falle der oben genannten Bauchschmerzen sollten Sie beispielsweise erst mal testen lassen, ob Sie irgendeine Nahrungsmittelintoleranz haben. Sollte dabei zum Beispiel rauskommen, dass Sie kein Gluten vertragen, dann streichen Sie dieses aus Ihrem Ernährungsplan und schon ist das Problem gelöst. Diese Methode ist viel lösungsorientierter und vor allem auch gesünder, als sich mit Medikamenten vollzustopfen, durch die es Ihnen nur für eine kurze Zeit besser geht.

Auch leichte Erkrankungen wie Erkältungen, sollten Sie auf natürliche Weise heilen. Trinken Sie sehr viel Ingwertee mit Zitrone, um Ihr Immunsystem wieder zu stärken und die Erkältung zu besiegen, statt zu Tabletten zu greifen. Auch Brennnesseltee ist sehr gesund, da er entgiftend wirkt und den Körper vor Schadstoffen befreit.

Versuchen Sie also Ihre Beschwerden nur im Notfall medikamentös zu bekämpfen und greifen Sie zu aller erst immer auf pflanzliche Arzneimittel, gesunde Ernährung, Sport und frische Luft zurück. Ihr Körper wird es Ihnen danken.

TIPP 7: STRESS VERMEIDEN

Zu viel Stress lässt uns erwiesenermaßen schneller altern. Außerdem sorgt Stress nicht nur für körperliche Krankheiten, sondern auch für seelische. Wenn Sie immer zu gestresst sind, sind Sie zum Beispiel nicht mehr weit entfernt von einem Burnout. Sie sollten also versuchen, Stress so gut es geht zu vermeiden. Viele Methoden, die Ihnen dabei behilflich sein können, kennen Sie ja bereits.

Meditieren Sie, schreiben Sie regelmäßig Tagebuch, treiben Sie ausreichend Sport und gönnen Sie sich genügend Freizeit. Nehmen Sie sich nur das vor, was Sie auch ohne Probleme schaffen können. Gehen Sie die Dinge ruhig an und hetzen Sie sich nicht.

Setzen Sie sich auch nicht unter Druck. Das ist nämlich eher kontraproduktiv. Denn wenn Sie gestresst sind und unter Druck, werden Sie es sehr wahrscheinlich nicht auf die Reihe bekommen, sich auf Ihre Arbeit konzentrieren zu können. Dadurch verlangsamt sich der Prozess und Sie benötigen im Endeffekt noch viel mehr Zeit, um etwas fertigzustellen, als Sie es normalerweise benötigt hätten. Und der ganze Stress war dann umsonst.

Also führen Sie sich vor Augen, dass Stress nicht nur ungesund ist, sondern Sie noch dazu bei jedem Vorhaben einen Schritt zurück wirft. Wenn Sie gelassener mit Ihren Aufgaben und mit Ihrem Leben im Allgemeinen umgehen, dann schaffen Sie es, Ihren Alterungsprozess zu verlangsamen und Ihr Leben in vollen Zügen zu genießen.

Sollten Ihnen die oben genannten Methoden noch nicht den kompletten Stress nehmen, dann können Sie auch ein wenig nachhelfen. Dabei gilt auch diesmal, dass Sie so gut es geht auf Medikamente verzichten sollten und stattdessen auf pflanzliche Hilfsmittel zurückgreifen. Trinken Sie beruhigenden Melissentee oder machen Sie von Baldrian und Lavendel Gebrauch. Auch wenn es im ersten Moment nicht so scheint, können diese kleinen Ergänzungen tatsächlich Wunder bewirken. Probieren Sie es also auf alle Fälle aus, wenn Sie mal wieder nicht abschalten können und sehr stark unter Stress stehen.

TIPP 8: WENIGER ARBEITEN

Mit all den vielen Jahren hat man sich schon so sehr an seinen Arbeitsalltag gewöhnt, dass man gar nichts anderes mehr kennt. Man wird immer älter und zerbrechlicher, erbringt aber dennoch die volle Leistung, was das Arbeiten angeht. Nichts ändert sich und man schuftet genauso sehr wie früher. Dafür gibt es verschiedene Gründe. Entweder liegt es daran, dass man so sehr daran gewöhnt ist oder daran, dass man das Geld einfach weiterhin benötigt. Oder aber man weiß nicht, was man statt des Arbeitens mit seinem Leben sonst anfangen soll.

Wenn letzteres der Fall ist, dann brauchen Sie sich, nachdem Sie diesen Ratgeber gelesen haben, ja keine Sorgen mehr zu machen. Denn

Freizeitbeschäftigungen haben Sie, wenn Sie sich die Tipps aus diesem Buch zu Herzen nehmen, mehr als genug. Wenn Sie weiterhin Vollzeit arbeiten, werden Sie sogar nicht ausreichen Zeit haben, um die verschiedenen Methoden gegen das Älterwerden in Ihren Alltag zu integrieren. Es ist also sowieso schon mal empfehlenswerter, anzufangen weniger zu arbeiten und stattdessen mehr Dinge zu machen, die Ihren Alterungsprozess verlangsamen werden.

Vergessen Sie nicht, dass Sie egal was Sie machen, nun mal nicht die gleichen körperlichen Voraussetzungen haben, um Ihrer Arbeit genauso nachgehen zu können wie früher. Vor allem, wenn Sie einer Arbeit nachgehen, die eine starke körperliche Anstrengung erfordert, laufen Sie Gefahr, dass Ihnen eines Tages bei der Arbeit irgendetwas passiert. Ob es ein Bandscheibenvorfall ist oder vor lauter Anstrengung vielleicht sogar ein Herzinfarkt, bleibt dabei offen.

Sie sollten das immer näher kommende Alter also ernst nehmen und Ihre Arbeit an Ihr gesundheitliches Wohlbefinden anpassen. Beantworten Sie sich dafür einfach die Frage, ob Ihnen Ihre Arbeit genauso leicht fällt wie früher oder ob sie Sie langsam aber sicher, immer mehr und mehr überfordert. Versuchen Sie dabei wirklich ehrlich zu sich selber zu sein und diese Frage wahrheitsgetreu zu beantworten. Es muss Ihnen nicht unangenehm oder sogar peinlich sein, dass Sie bestimmte Arbeiten und Aufgaben nicht mehr erledigen können. Das ist vollkommen normal und sollte von Ihnen auch so gesehen werden. Ihre Gesundheit ist wichtiger als ihr Stolz. Machen Sie also keine Arbeiten, bei denen Sie sich nicht sicher sind, dass Sie sie wirklich noch machen können.

Niemand verlangt von Ihnen, Ihre Arbeit komplett aufzugeben und frühzeitig in Rente zu gehen. Natürlich ist das auch eine Option. Aber wenn Sie Ihre Arbeit lieben oder Sie einfach dringend das Geld brauchen, dann wäre es natürlich nicht sehr sinnvoll, einfach aufzuhören zu arbeiten. Stattdessen könnten Sie zum Beispiel Ihre Stunden reduzieren und nur noch Teilzeit arbeiten oder Ihre Arbeit vielleicht sogar nur auf Minijobbasis ausüben. Wenn es sich um einen Job mit vielen körperlich anstrengenden Aufgaben handelt, dann fragen Sie Ihren Chef, ob es für Sie nicht auch Aufgaben gäbe, die sich für Ihre Situation besser eignen und nicht so körperlich anstrengend sind.

Sollte es sich so oder so nicht um einen Job handeln, der Ihnen Freude bereitet, dann sollten Sie ihn beenden und sich stattdessen einen neuen suchen. Das wird Ihnen nicht nur Ihr Körper, sondern auch Ihre Seele danken. Sie sollten nämlich nicht nur mit einer Arbeit Geld verdienen, die Ihrem Körper nicht schadet, sondern auch Ihrer Seele gut tut. Je glücklicher Sie sein werden, desto jünger werden Sie sich auch fühlen und je besser Sie Ihren Körper schonen, desto jünger werden Sie auch tatsächlich bleiben und desto länger werden Sie letztendlich leben.

TIPP 9: KÜMMERN SIE SICH UM SICH SELBER

Ein wichtiger Punkt, der dazu beiträgt, wie jung oder alt Sie sich fühlen ist, wie Sie mit sich selber umgehen. Um sich also so lange wie möglich jung zu fühlen, sollten Sie sich gut um sich kümmern. Das ist vor allem auf Ihre Gesundheit bezogen, da diese natürlich der wichtigste Faktor für ein langes Jung bleiben ist. Dabei hilft, wie Sie ja bereits wissen, ein gesunder Lebensstil mit einer ausgewogenen Ernährung und genügend Sport. Außerdem sollten Sie in der Lage sein, Ihre Grenzen zu erkennen und diese nicht zu überschreiten. Wenn Ihnen etwas zu viel ist und Sie merken, dass Sie eine bestimmte Aufgabe nicht erledigen können, weil Sie körperlich oder geistig dazu nicht mehr in der Lage sind, dann stressen Sie sich nicht damit. Denn dadurch werden Sie diese Aufgabe erst recht nicht lösen können und Ihnen wird es durch den Stress nur noch schlechter gehen.

Stattdessen sollten Sie in der Lage sein, auch mal nein zu sagen und Aufgaben, die Sie nicht bewältigen können, abzulehnen. Das gilt nicht nur für Ihre Arbeit, um die sich das letzte Kapitel drehte, sondern auch um alle anderen alltäglichen Dinge im Leben. Egal ob es darum geht, ein Bild an die Wand zu hängen, etwas aus der obersten Schublade Ihres Schrankes zu holen oder eine schwere Kiste zu transportieren. Seien Sie mutig und gestehen Sie sich ein, wenn Sie zu etwas nicht mehr in der Lage sind. Holen Sie sich Hilfe. Sich Hilfe zu holen hat nichts mit Schwäche zu tun. Ganz im Gegenteil. Es zeugt von Stärke und beweist, dass Sie stark genug sind, Ihren Stolz abzulegen und zu zeigen, dass Sie etwas alleine nicht schaffen können. Vor allem in unserer leistungsorientierten Gesellschaft, in der jeder alles alleine schaffen und immer der Beste sein will, ist das gar nicht so einfach. Es ist jedoch vor allem im höheren Alter notwendig, dass Sie sich um sich und Ihre Gesundheit kümmern. Dadurch beweisen Sie sich selber, dass Sie es sich wert sind.

Doch nicht nur der gesundheitliche Aspekt ist ausschlaggebend dafür, wie jung Sie sich fühlen, sondern auch Ihr äußeres Auftreten. Je nachdem, wie gut Sie auf Ihre Körperpflege achten, sehen Sie nicht nur jünger aus, sondern fühlen sich dementsprechend auch so. Zeigen Sie sich also auch im Bereich Körperpflege, dass Sie es sich wert sind, schön und jung zu bleiben. Vernachlässigen Sie diesen Aspekt nicht. Duschen Sie regelmäßig, kleiden Sie sich schön, wenn Sie ausgehen und benutzen Sie ein Parfüm.

Gönnen Sie sich hin und wieder einen Wellnesstag. Lassen Sie ein heißes Bad ein und genießen Sie es bei Kerzenlicht und einem tollen Buch. Tragen Sie eine Gesichtsmaske auf und legen Sie sich ganz klassisch zwei Gurkenscheiben auf die Augen. Verwöhnen Sie sich einfach mal so richtig selbst.

Wer sich selbst schätzt und sich um sich

kümmert, der strahlt das auch nach außen und wirkt auf andere jünger. Das Wichtigste ist jedoch, dass man sich selber auch jünger und glücklicher fühlt, wenn man sich nicht gehen lässt, sondern immer noch gut um sich kümmert und sich selber nicht vernachlässigt.

TIPP 10: AKZEPTANZ DES ÄLTERWERDENS

Hiermit komme ich zum letzten und zum wichtigsten Punkt, wenn es darum geht, dem Alterungsprozess entgegenzuwirken. Und das ist das Akzeptieren des Älterwerdens. Das klingt im ersten Moment sehr widersprüchlich. Wie soll man sich jünger fühlen, indem man akzeptiert, dass man nicht mehr jünger wird?

Wenn man aber mal genauer hinsieht, ergibt das alles einen Sinn. Erst wenn man etwas akzeptiert hat, ist man mich sich selber und dieser Sache im Reinen und kann damit abschließen. Das bedeutet also auf dieses konkrete Beispiel bezogen: Erst wenn Sie akzeptiert haben, dass Sie nun mal älter werden, egal was Sie tun, können Sie mit dem Älterwerden abschließen und sich dem Jungsein widmen. Wenn Ihre Gedanken sich nämlich nur darum kreisen, dass Sie ja älter werden und das verhindern müssen, setzen Sie sich unter Druck und schaffen es nicht, sich darauf zu konzentrieren, Maßnahmen zu ergreifen, die den Alterungsprozess verlangsamen. Sie sind dann so sehr damit beschäftigt zu altern, dass Sie ganz vergessen, sich darum zu kümmern, etwas dagegen zu machen.

Also akzeptieren Sie, dass Sie älter werden und dass Sie nichts dagegen tun können. Natürlich können Sie die unterschiedlichsten Methoden anwenden, die Ihren Alterungsprozess verlangsamen. Diese Methoden kennen Sie ja bereits. Dadurch wird die Zeit jedoch nicht stehen bleiben. Das ist nun mal der Kreislauf des Lebens. Es gibt keinen Stillstand und das ist auch gut so.

Wenn Sie das Älter werden einfach so annehmen, dann werden Sie keine Angst mehr davor haben und Ihr Leben weiterhin in vollen Zügen genießen können. Sie tun sich also selber einen Gefallen, in dem Sie das Altern mit offenen Armen begrüßen. Und wie gesagt: Nur weil Sie das machen, heißt es nicht, dass Sie nicht trotzdem Maßnahmen ergreifen können, die Sie jünger und gesünder werden lassen. Ganz im Gegenteil: Durch die Akzeptanz des natürlichen Alterungsprozesses werden Sie überhaupt erst in der Lage sein, diese Maßnahmen zu ergreifen. Und zwar nicht aus Angst, sondern aus Selbstliebe.

Der letzte Ausweg

Dieses Kapitel kommt ganz bewusst erst zum Schluss dran. Diese Maßnahmen sollten nämlich, wie der Titel schon sagt, der letzte Ausweg sein. Denn statt zu versuchen, sein Alter künstlich zu verändern, sollten Sie das erst mal auf natürlichem Wege probieren. Außerdem sollten Sie lernen, sich zusammen mit Ihrem Körper und Ihrem Aussehen, so zu lieben, wie Sie sind. Sie sollten die Falten, die sich Jahr für Jahr bilden und das graue Haar, akzeptieren lernen.

Doch manchmal reicht das einfach nicht. Egal wie sehr wir es versuchen, können wir uns manchmal mit gewissen Dingen einfach nicht zufriedengeben. Wenn das auch bei Ihnen der Fall sein sollte, dann gibt es einen letzten Weg für Sie, wie Sie mit sich und Ihrem Aussehen ins Reine kommen können, und zwar mit Hilfe kosmetischer Anti-Aging-Methoden. Welche das zum Beispiel sein könnten, stelle ich Ihnen jetzt vor.

Die Anti-Aging-Creme: Die Anti-Aging-Creme soll dabei helfen, die Faltenbildung zu reduzieren, indem durch ihre Anwendung die Haut gestrafft wird. Dafür sorgt das in der Anti-Aging-Creme enthaltene Strukturprotein Kollagen und das Vitamin C. Sogar Goldpartikel enthält diese Creme und auch diese sollen die Haut angeblich straffen. Beweise für die Wirksamkeit einer solchen Creme bleiben jedoch aus. Jeder muss für sich selber herausfinden, ob so eine Creme bei ihm funktioniert oder nicht.

Sie können es jedoch ruhig bei relativ günstigen Cremes belassen, da sogar die Stiftung Warentest keine nennenswerten Unterschiede zwischen günstigen und teuren Cremes feststellen konnte. Überzeugen Sie sich also entweder selbst davon oder sparen Sie Ihr Geld direkt und probieren Sie lieber eine günstigere Variante aus.

Bei der Anwendung sollten Sie darauf achten, es

nicht zu übertreiben. Wenn Sie nach regelmäßiger Verwendung einer bestimmten Creme merken, dass sich nicht viel in Ihrem Gesicht verändert, dann sollten Sie die Creme auf keinen Fall einfach öfter verwenden und darauf hoffen, dass das etwas bringt. Wenn die Creme bisher nicht gewirkt hat, wird sie es auch weiterhin nicht tun. Halten Sie sich also an die Anwendungsempfehlung der Creme, ansonsten könnte es zu Hautreizungen kommen und im Endeffekt sieht Ihre Haut durch die Verwendung der Creme dann nur schlimmer aus und nicht besser.

Ultraschalltherapie: Während eine Anti-Aging-Creme nur auf der obersten Hautschicht wirkt, kann sie gegen die tiefen Falten, die sich mit den Jahren im Gesicht bilden, nicht viel ausrichten. Bei einer Ultraschalltherapie sieht das jedoch ganz anders aus. Ein Ultraschallgerät schafft es nämlich, auch an die tiefste Hautschicht heranzukommen und somit Falten leichter verschwinden zu lassen, als eine einfache Creme. Doch wie genau funktioniert das?

Über die Jahre hinweg sinkt die Produktion des Kollagens in unserem Körper immer weiter ab. Dieses Strukturprotein sorgt dafür, dass die Zellen sich erneuern und die Haut immer schön straff und glatt bleibt und genug Feuchtigkeit enthält. Je weniger Kollagen also vorhanden ist, desto schlaffer wir unsere Haut und desto mehr Falten beginnen sich zu bilden.

Durch die Schallwellen einer regelmäßigen Ultraschalltherapie wird die Haut dazu angeregt, wieder körpereigenes Kollagen herzustellen und die Haut erneut zu straffen und mit ausreichen Flüssigkeit zu versorgen. Eine solche Therapie können Sie entweder bei einer Kosmetikerin machen oder einfach ganz bequem von zu Hause aus.

Dafür müssen Sie sich allerdings ein kosmetisches Ultraschallgerät zulegen. Für eine richtige Anwendung reinigen Sie erst einmal Ihr Gesicht. Anschließend tragen Sie, wenn Sie wollen, eine Anti-Aging-Creme auf Ihrem Gesicht auf, um die Wirkung der Ultraschalltherapier zu verstärken. Tunken Sie den Schallkopf des Gerätes in etwas Wasser und setzen Sie Ihn dann auf das Gerät auf. Halten Sie sich das Ultraschallgerät jeweils zehn Sekunden auf den Bereich, an dem es wirken soll.

Wie oft Sie das machen sollten, hängt ganz davon ab, welches Ergebnis Sie erzielen möchten.

Führen Sie die Therapie also so lange regelmäßig fort, bis Sie mit dem Ergebnis Ihrer Haut zufrieden sind. Sollten Sie keine Unterschiede bemerken, dann brechen Sie die Therapie ab.

Gesichtslifting: Der nächste große Schritt, den Sie gehen könnten um jünger auszusehen, ist das Gesichtslifting. Bei dieser Schönheitsoperation kommt es ganz auf Sie an, was genau und wie viel an Ihrem Gesicht Sie verändern wollen. Es kann sich hierbei um einen kleinen Eingriff handeln, bei dem Ihnen einige Falten geglättet oder die Tränensäcke entfernt werden.

Wenn Ihnen diese Behandlung nicht reicht, können Sie sich auch dem sogenannten Minilifting unterziehen. Auch diese Behandlung stellt keinen großen Aufwand dar, sorgt jedoch für einen erheblichen Unterschied. Nach dem Minilifting werden Sie auf alle Fälle um einiges jünger aussehen.

Bei dem Minilifting werden die Wangen und die Hamsterbäckchen behandelt, da sich das Alter an diesen beiden Körperstellen oft als erstes sichtbar macht. Betäubt wird meistens nur örtlich. Die Behandlung dauert etwa 1-2 Stunden. Schon am selben Tag dürfen Sie wieder nach Hause gehen und bereits nach einer Woche geht es Ihnen wieder super, so als sei nichts gewesen.

Wenn Sie also unzufrieden mit Ihrem Aussehen sind und kein Problem mit einem operativen Eingriff haben, dann wäre das Gesichtslifting eine geeignete Methode für Sie, damit Sie wieder jünger aussehen.

Haartransplantation: Falls Sie keine Angst vor Schönheitsoperationen haben, wird auch diese Methode Sie eventuell ansprechen. Sie ist nämlich viel harmloser, als eine Operation, aber dennoch wirksam. Eine Haartransplantation wirkt dem Haarausfall im Alter entgegen und sorgt wieder für ein dichtes, volles Haar.

Bei einer Haartransplantation werden nicht nur Haare an sich transplantiert, sondern vor allem die Follikel auf der Kopfhaut. Aus den Haarfollikeln wachsen nämlich unsere Haare heraus. Wenn diese an bestimmten Stellen nicht mehr vorhanden sind, kann man dies durch eine Haartransplantation ändern.

Um eine Eigenhaartransplantation durchzuführen, wird der Hinterkopf betäubt, damit dort Haare gemeinsam mit der Haut entnommen werden können. Die Wunde wird vom Chirurg anschließend wieder vernäht. An die Stellen, aus denen später wieder neue Haare wachsen sollen, werden Löcher gestanzt und die Follikel eingesetzt. Diese Behandlung dauert einige Stunden. Etwa drei Monate später beginnen die Haare zu wachsen und das Problem mit dem Haarausfall im Alter ist somit behoben.

Altersfleckenentfernung: Die letzte Sache, die Sie unternehmen können, um dem Alterungsprozess entgegenzuwirken und wieder jünger auszusehen ist, sich die Altersflecken entfernen zu lassen. Diese Flecken sind Pigmentstörungen und entstehen mit dem Alter, wenn man sich häufig in der Sonne befindet. Daher treten Sie meist auch nur an Stellen wie dem Gesicht oder den Armen auf. Sie sind nicht gefährlich, jedoch gefallen sie den meisten Menschen natürlich trotzdem nicht. In Einzelfällen kann es sich bei Altersflecken jedoch auch um eine Ankündigung von Hautkrebs handeln, daher sollte das gründlich untersucht werden, bevor man sich dazu entschließt, sich von seinen Altersflecken zu trennen.

Die einfachste Methode, um die Altersflecken „loszuwerden" ist, sie einfach mit ausreichend Make-Up zu überdecken. Mit dieser Methode geben sich die meisten Menschen jedoch nicht zufrieden. Daher könnten Sie es zum Beispiel mit einer Bleichcreme gegen Altersflecken versuchen. Diese gibt es in der Apotheke zu kaufen. Sie sollten sie jedoch nicht länger als sieben Wochen am Stück verwenden, sonst schaden Sie nämlich Ihrer Haut.

Sollten Sie sich damit nicht zufriedengeben, können wir Ihnen außerdem eine Laserbehandlung empfehlen. Bei dieser Methode werden ganz einfach die Farbpigmente abgetötet und die Altersflecken verschwinden. Diese Behandlung ist simpel und mit wenigen Risiken verbunden. Während der Behandlung werden Sie ein schwaches Piksen verspüren und anschließend kann es zu leichten Entzündungen kommen, die in der Regel schnell wieder vorbei gehen. Danach sollten Sie etwa zwei Monate lang, die Sonne so gut es geht, an der behandelten Stelle vermeiden. Nach diesen acht Wochen ist die Haut aber wieder komplett geheilt und Sie dürfen sie erneut ganz normal der Sonne aussetzen.

Das waren einige Methoden, die Sie wieder jünger werden lassen. Sie können diese Methoden anwenden, müssen es aber natürlich nicht. Bedenken Sie nämlich, dass diese Behandlungen Sie nur äußerlich wieder jünger machen. Viel wichtiger ist jedoch, wie jung Ihr Körper noch ist und wie gesund Sie sind. Denn wenn diese zwei Bereiche nicht stimmen, wird es Ihnen auch nicht viel nützen, gut und jung auszusehen. Ihre Gesundheit geht auf alle Fälle vor. Kümmern Sie sich also erst darum, bevor Sie zu kosmetischen Mitteln greifen, um jünger auszusehen.

Viel Erfolg beim jung bleiben!

Sie sind nun mit allen wichtigen Informationen über das Älter werden und mit ausreichend Mitteln und Wegen, die dem Altern entgegen wirken können, gewappnet. Ich hoffe, dass ich Ihnen mit Hilfe dieses Buches dabei helfen konnte, den Alterungsprozess zu verstehen, damit Sie aktiv etwas gegen ihn unternehmen können. Wenn man alle Tipps und Tricks zusammenlegt, kommt man im Endeffekt auf drei wichtige Kategorien: gesunde Ernährung, Sport und die richtigen Freizeitbeschäftigungen. Wenn Sie diese drei Kategorien in Ihr Leben integrieren, werden Sie es schaffen, langsamer zu altern und sich dementsprechend jünger zu fühlen.

Trauen Sie sich, Ihren Lebensstil zu verändern. Wagen Sie den Schritt in ein besseres, gesünderes und vor allem jüngeres Leben. Denn das Leben ist zu kurz, um es durch einen falschen Lebensstil noch mehr zu verkürzen. Deswegen wird es höchste Zeit etwas zu verändern. Der Kauf dieses Buchs war schon mal ein Schritt in die richtige Richtung. Nun können Sie noch einen Schritt weitergehen und das Gelesene tatsächlich in die Tat umsetzen.

Auch wenn es Ihnen zu Beginn schwer fallen wird, so viel zu verändern und so viele neue Dinge umzusetzen. Geben Sie nicht auf, sondern bleiben Sie dran. Es wird sich lohnen, glauben Sie mir. Geben Sie sich die Zeit, die Sie brauchen und machen Sie jeden Tag einen weiteren kleinen Schritt, der Ihr Leben ins Positive verändern wird.

Ich hoffe sehr, dass Sie noch unglaublich viele, tolle Jahre miterleben dürfen und Ihr Leben in vollen Zügen genießen. Deswegen wünsche ich Ihnen viel Erfolg bei Ihrer Lebensumstellung und ein langes, gesundes, junges Leben!

Haftungsausschluss

Die Umsetzung aller enthaltenen Informationen, Anleitungen und Strategien dieses Buchs erfolgt auf eigenes Risiko. Für etwaige Schäden jeglicher Art kann der Autor aus keinem Rechtsgrund eine Haftung übernehmen. Für Schäden materieller oder ideeller Art, die durch die Nutzung oder Nichtnutzung der Informationen bzw. durch die Nutzung fehlerhafter und/oder unvollständiger Informationen verursacht wurden, sind Haftungsansprüche gegen den Autor grundsätzlich ausgeschlossen. Ausgeschlossen sind daher auch jegliche Rechts- und Schadensersatzansprüche. Dieses Werk wurde mit größter Sorgfalt nach bestem Wissen und Gewissen erarbeitet und niedergeschrieben. Für die Aktualität, Vollständigkeit und Qualität der Informationen übernimmt der Autor jedoch keinerlei Gewähr. Auch können Druckfehler und Falschinformationen nicht vollständig ausgeschlossen werden. Für fehlerhafte Angaben vom Autor kann keine juristische Verantwortung sowie Haftung in irgendeiner Form übernommen werden.

Urheberrecht

Alle Inhalte dieses Werkes sowie Informationen, Strategien und Tipps sind urheberrechtlich geschützt. Alle Rechte sind vorbehalten. Jeglicher Nachdruck oder jegliche Reproduktion – auch nur auszugsweise – in irgendeiner Form wie Fotokopie oder ähnlichen Verfahren, Einspeicherung, Verarbeitung, Vervielfältigung und Verbreitung mit Hilfe von elektronischen Systemen jeglicher Art (gesamt oder nur auszugsweise) ist ohne ausdrückliche schriftliche Genehmigung des Autors strengstens untersagt. Alle Übersetzungsrechte vorbehalten. Die Inhalte dürfen keinesfalls veröffentlicht werden. Bei Missachtung behält sich der Autor rechtliche Schritte vor.

Herstellung und Verlag:

BoD – Books on Demand, Norderstedt

ISBN: 9783751905947

© Lea Blumenberg 2020

1. Auflage

Kontakt: Psiana eCom UG/ Berumer Str. 44/ 26844 Jemgum

Covergestaltung: Fenna Larsson

Coverfoto: depositphotos.com